Jacqueline Fehr

Schule mit Zukunft

Jacqueline Fehr

Schule mit Zukunft

Plädoyer für ein modernes Bildungswesen

orell füssli Verlag AG

Für Nino und Tiemo
für Lars

Zukunft heisst,
sich auf die Seite der Kinder zu stellen.

Umschlagabbildung: © Image Source, gettyimages
Umschlaggestaltung: Andreas Zollinger, Zürich
Druck: fgb • freiburger graphische betriebe, Freiburg

ISBN 978-3-280-05320-1

Bibliografische Information der Deutschen Bibliothek:
Die Deutsche Bibliothek verzeichnet diese Publikation in der Deutschen Nationalbibliografie; detaillierte bibliografische Daten sind im Internet über http://dnb.d-nb.de abrufbar.

FSC

Mix
Produktgruppe aus vorbildlich bewirtschafteten Wäldern, kontrollierten Herkünften und Recyclingholz oder -fasern
www.fsc.org Zert.-Nr. SGS-COC-003993
© 1996 Forest Stewardship Council

Inhaltsverzeichnis

Fakten statt Mythen

Schule der Zukunft

Vorwort

Kennen Sie das Gefühl, wenn der Blick nach einem mühsamen Aufstieg auf einen Berggipfel das erste Mal in die Ferne schweift? Kämpfte man kurz zuvor noch mit der Motivation und stellte sich die Fragen nach dem Wohin und dem Wieso, ist auf dem Gipfel alle Mühsal wie weggeblasen. Man ist einfach nur glücklich und fühlt sich leicht und zufrieden.

Dieses Bild veranschaulicht sehr treffend die aktuelle Bildungs- und Schuldiskussion. Die Schule ist auf dem Weg zum Gipfel. Oben wartet die Aussicht auf eine Schule, die wir uns alle wünschen: eine Schule, in der sich Kinder und Lehrpersonen wohlfühlen; eine Schule, die das Lern- und Leistungspotenzial der Schülerinnen und Schüler nutzt; eine Schule, die durch Verbindlichkeit und Verantwortung das Vertrauen der Eltern und der Gesellschaft zurückgewinnt.

Doch der Aufstieg auf den Gipfel ist steil. Viele Lehrerinnen und Lehrer kommen an die Grenze ihrer Kräfte und ihrer Motivation. Trotz enormer Anstrengung geht es nur langsam vorwärts. Die Schritte sind klein. Man wagt kaum, nach oben zu schauen. Der Weg ist schwer zu erkennen. Die Lehrerinnen und Lehrer versuchen, Fehltritte zu vermeiden, und konzentrieren sich auf die nächsten Meter. Sie wissen nicht, was hinter der nächsten Felsnase auf sie wartet. Und sie wissen nicht, wie umwerfend die Aussicht auf dem Gipfel ist.

Ich habe Schulen besucht, die auf dem Gipfel angekommen sind: in Schweden, in Finnland und auch in der Schweiz. Ich habe in ihren Schulräumen, Lehrerzimmern und auf ihren Pausenplätzen eine grosse Ruhe und Zufriedenheit gespürt. Ich habe erlebt, dass anstelle von Ängsten und Zweifeln Stolz und Sicherheit das Klima an den Schulen bestimmen können. Auch auf der Bergspitze bläst hie und da ein scharfer Wind. Dann muss man sich warm anziehen, bis der Sturm vorbei ist. Doch sobald der erste Sonnenstrahl durch die Wolkendecke blinzelt, kehrt die Gewissheit zurück, es geschafft zu haben und oben zu stehen.

Diese Erfahrung war für mich Ansporn, dieses Buch zu schreiben. Ich möchte zeigen, welche Wege aus meiner Sicht rascher ans Ziel führen. Ich möchte dazu ermuntern, die schweren Steine, die das heutige System in seinem Rucksack trägt, auszupacken und zurückzulassen. Und ich möchte vor allem Mut machen, den Weg zum Gipfel weiterzugehen.

Winterthur, im Februar 2009
Jacqueline Fehr

Einleitung

Bildung ist unser wichtigster Rohstoff. Die Schule ist von zentraler gesellschaftlicher und staatspolitischer Bedeutung. Die Bildungspolitik müsste deshalb das zentrale Politikfeld in unserem Land sein. Das war sie bis vor Kurzem nicht. Nun scheint sich das Blatt zu wenden. Auf der politischen Agenda rückt die Gestaltung unseres Bildungssystems immer weiter nach oben. Zum Glück, denn die Schule verdient unser Interesse und unsere Aufmerksamkeit. Doch sie verdient auch unsere Sorgfalt und unser Bemühen, hinter die Schlagzeilen zu blicken.

Dieser Aufgabe will ich mich mit dem vorliegenden Buch stellen. Ich möchte eine bildungspolitische Auslegeordnung machen, die mehr ist als eine Sonntagsrede oder ein 90-Sekunden-Statement. Der Zeitpunkt scheint mir geeignet, denn um die Schule ist ein neuzeitlicher Kulturkampf entbrannt. Mit Engagement und Herzblut wird über Gesellschaft und Werte gestritten. Und die Schule steht mittendrin. Um sie wird gerungen. Sie steht im Fokus. Auf ihr prasselt die Kritik nieder. Einiges scheint schiefzulaufen. Viele zeigen sich unzufrieden und stellen sich Fragen. Wieso brauchen so viele Kinder sonderschulische Massnahmen? Haben wir mit den Reformen die Weichen falsch gestellt? Lernen unsere Kinder genug? Wo bleiben Disziplin und Ordnung? Bereitet die Schule die Kinder auf die Zukunft vor? Brauchen wir Ausländerquoten? Sind unsere Lehrerinnen und Lehrer gut genug? Wie kommen wir zu Tageschulen? Wo sind die Eltern?

Über Schule lässt sich trefflich streiten. Sorgen und Hoffnungen, schlechte Erinnerungen und hohe Erwartungen mischen sich. Dass es dabei oft um die eigenen Kinder oder Enkelkinder geht, die hier und jetzt Anspruch auf eine bessere Schule haben, macht die Sache nicht einfacher. Den einen können die Änderungen nicht schnell genug gehen. Andere finden das Tempo viel zu hoch. Verunsicherung hat sich breitgemacht. Darunter leiden letztlich die Kinder. Sie nehmen die Kritik wahr und wissen nicht, was sie davon halten sollen. Denn am liebsten wären sie einfach stolz auf die Lehrerin und stolz auf die Schule.

Das Buch will den kritischen Stimmen nachgehen, Schwachpunkte identifizieren, über die Grenze schauen und Ansatzpunkte zum Gelingen präsentieren. Ich stütze mich dabei auf die beinahe unüberblickbare Breite an bildungswissenschaftlichen Publikationen und Diskussionen. Erwähnen möchte ich namentlich das Buch von Ludger Wössmann (2007) «Letzte Chance für gute Schulen» oder den Bericht «Potenzial Primarschule» von Avenir Suisse (2001), der erfreulich sachliche und unideologische Vorschläge präsentiert, wie unsere Volksschule modernisiert werden kann.

Bildung ist mehr als Schule, und Schule ist mehr als Unterricht. Bildung ist ein Prozess, der manchmal schneller, manchmal langsamer, manchmal auf erwarteten und manchmal auf unerwarteten Wegen geschieht. Bildung bedeutet Auseinandersetzung. Bildung findet überall und in allen sozialen Räumen statt – nicht nur in der Schule. Die Schule ihrerseits ist für die Kinder nebst der Familie der wichtigste Lebensraum. Aus Kindersicht gehört nicht nur das Klassenzimmer zur Schule, sondern auch der Pausenplatz, der Schulweg, das gemeinsame Mittagessen und das Spiel auf dem Schulareal. Kinder halten sich entgegen der weit verbreiteten Meinung vieler Erwachsener gerne in der Schule auf. Der Schulhausplatz ist auch in der Freizeit der bevorzugte Treffpunkt.

Im vorliegenden Buch verwende ich die drei Begriffe «Bildung», «Schule» und «Unterricht» je nach Kontext. Ich orientiere mich dabei stark an der umgangssprachlichen Verwendung. Die zentrale Frage lautet: Welche Bildung, welche Schule, welchen Unterricht brauchen wir in der Zukunft? Die Wissenschaft und die Bildungsfachleute haben bereits viele Antworten auf diese Fragen gegeben. Auffallend gross ist die Übereinstimmung der Positionen. Bei folgenden zentralen Punkten lässt sich ein Konsens feststellen:

- Die Weichen werden früh gestellt: Es braucht mehr Aufmerksamkeit für die ersten Lebensjahre.
- Kinder lernen gerne und im eigenen Tempo: An Schulen muss weniger gelehrt, dafür mehr gelernt werden.
- Ohne Sprache geht nichts. Wir müssen beim Spracherwerb einen bildungspolitischen Schwerpunkt setzen. Dies gilt auch für die Erstsprache.
- Frühe Selektion verbaut Chancen: Kinder haben das Recht auf transparente Beurteilungen und durchlässige Leistungsgruppen.
- Die Schule ist keine Insel: Die ausserschulische Erfahrungswelt der Kinder muss im Schulleben ein fester Bestandteil sein.
- Kinder brauchen in ihrem Alltag Kontinuität und Geborgenheit: Die freiwillige Vorschule und die obligatorische Schule müssen Tagesstrukturen anbieten. Unterricht, Verpflegung, Aufgabenhilfe und Freizeitbetreuung werden in einem pädagogischen Konzept zusammengefasst.
- Es braucht die Eltern: Die Beziehung zwischen Schule und Elternhaus beeinflusst den Schulerfolg der Kinder stark. Entsprechend muss die Zusammenarbeit zwischen diesen für die Kinder zentralen Lebensräumen verbindlich geklärt werden.

In diesem Buch versuche ich, diese breit abgestützten Grundsätze in die Politik zu übersetzen. Denn letztlich hängt es von der Politik ab, ob die Schule den Schritt in die Zukunft schaffen wird. Und im Gegensatz zu den Fachleuten herrschen in der Politik grosse Uneinigkeit und Verwirrung. Endlose Debatten über Detailfragen wie das Fremdsprachenkonzept, die Handarbeit oder den Mundartunterricht versperren den Politikerinnen und Politikern den Blick auf das Wesentliche. Statt sich an den heutigen und zukünftigen Bedürfnissen der Kinder zu orientieren, nehmen die meisten Politikerinnen und Politiker Mass an ihren einstigen Schulerfahrungen: «Schliesslich ist aus mir auch etwas Rechtes geworden, also wird das alte System schon in Ordnung sein.» Bildungspolitik sieht sich stark mit konservativen Reflexen konfrontiert. Über Bildung werden Werte überliefert und Haltungen verfestigt. Der Raum für Innovation und Entwicklung ist eng. Um in diesem engen Raum trotzdem Reformen voranzubringen, greifen viele Bildungsdirektionen zum Mittel der Versuche und der vielen kleinen Teilrevisionen.

Die Konsequenzen dieser unkoordinierten Entwicklung sind höchst unbefriedigend: An den Schulen herrscht eine grosse Unübersichtlichkeit für alle Beteiligten, also für die Kinder, die Eltern, die Lehrkräfte und die Behörden. Die Unregelmässigkeiten beginnen beim Stundenplan. Immer noch hat die Mehrheit der Kinder einen zerstückelten Stundenplan mit täglich anderen Schulanfangs- und Schlusszeiten. Das Durcheinander geht weiter bei den verschiedenen Schulversuchen, bei denen die meisten längst den Überblick verloren haben. Vor diesem Hintergrund erstaunt die wachsende reformkritische Stimmung nicht.

Geschickt nutzen dies politisch rechtskonservative Kreise aus. Sie versprechen durch den Abbruch der Reformen ein Zurück zu Zeiten, als man bei der Schule noch wusste, woran man war. Ausgeblendet wird dabei, dass die Mehrheit der Bevölkerung in Tat und Wahrheit schlechte Erinnerungen an die eigene Schulzeit hat. Die Schule von damals war alles andere als eine Erfolgsschule. Vielmehr hat sie den meisten das Lernen zünftig verdorben. Unter dem Motto «Damit alles so bleibt, wie es nie war» propagieren die rechtskonservativen Kreise eine Schule der Mythen.

Die Politik muss mit diesen Mythen aufräumen. Wir müssen in die Zukunft schauen, denn unsere Kinder werden in einer anderen Gesellschaft leben und andere Herausforderung zu meistern haben als wir. Die Zugehörigkeit zu sozialen Gruppen und Schichten wird auf die Lebensgestaltung einen weniger starken Einfluss haben. Das Zusammenleben mit Menschen aus verschiedenen Kulturen wird noch selbstverständlicher und die Multioptionsgesellschaft noch ausgeprägter sein. Vielfältige Konsumgüter, Nachrichten aus aller Welt, Verführungen und Angebote aller Art bei begrenzten zeitlichen und finanziellen Ressourcen werden hohe Anforderungen an die Selbstverantwortung und die Orientierungsfähigkeit unserer Kinder stellen. Oder wie es der Zürcher Erziehunsgwissenschafter Jürgen Oelkers sagt: «Das Neinsagen fällt schwer und wird nicht belohnt. Grenzen sind nicht einfach durch Knappheit gesetzt, sondern werden ständig herausgefordert.»

Um ihr Leben erfolgreich zu meistern und dabei glücklich zu werden, brauchen unsere Kinder verschiedene Werkzeuge, darunter solche, die schon unseren Eltern und uns geholfen haben wie beispielsweise Anstand, Respekt, Einsatzbereitschaft und Durchhaltewillen. Daneben müssen sie auch verstärkt Fähigkeiten entwickeln wie Verantwortung fürs eigene Tun übernehmen, selbstverantwortlich auswählen, den Überblick bewahren, freiwillig verzichten, sich in andere Menschen einfühlen, eine eigene Identität aufbauen und andere Lebensweisen akzeptieren. Der Bericht «Potenzial Primarschule» nennt als künftige Schlüsselkompetenzen die Lernfähigkeit, die Denkfähigkeit, die Kommunikationsfähigkeit sowie die Konfliktfähigkeit. Die wichtigste Fähigkeit und damit die eigentliche Schlüsselkompetenz fehlt jedoch aus meiner Sicht: die Orientierungsfähigkeit. Diese fünf zentralen Fähigkeiten lernt man weder in einer Drill- und Zuchtschule noch in einer Larifari-Schule.

Wie würden wir als Mutter, Lehrer, Politikerin oder einfach Staatsbürger die Schule gestalten, wenn wir die Chance bekämen, bei null anzufangen? Würden wir Spielen und Lernen weiterhin scharf trennen? Würden wir «Kind sein dürfen» mit «nicht lernen müssen» gleichsetzen? Würden wir harte Übergänge zwischen Familie, Kindergarten und Schule gestalten? Würden wir erneut mit zerstückelten Stundenplänen ein Fach ans andere reihen? Würden wir überhaupt in starren Fächern und fixen Klassen denken? Würden wir Kinder in eine Reihe setzen und allen zum gleichen Zeitpunkt das Gleiche beibringen wollen?

Wohl kaum. In vielen Diskussionen stelle ich fest, dass man sich jeweils rasch einig ist über das, was man nicht mehr will. Schwieriger ist die Frage, was anstelle der alten pädagogischen Dogmen künftig gelten soll. Und was würden wir von der heutigen Schule übernehmen? Wo hat sie ihre tatsächlichen Stärken? Auf was würden wir aufbauen? Mit diesem Buch wage ich Antworten auf diese Fragen und zeichne im dritten Teil des Buches meine Vision der Schule von morgen. Ich orientiere mich dabei weder an einer linken noch an einer rechten Bildungspolitik. Indes versuche ich, die Idee einer modernen Schule konsequent zu Ende zu denken und setze dabei die Interessen und Rechte der Kinder ins Zentrum.

Keine Angst: Meine Vision ist nicht abgehoben. Es gibt diese Schule bereits ansatzweise oder auch in fortgeschrittenem Zustand. Sogar in der Schweiz! Einige Beispiele werden im Buch vorgestellt. Sie sollen motivieren, den Weg auf den Gipfel zu wagen. Ich bin überzeugt: Wenn wir einmal oben angekommen sind, wird niemand mehr zurück wollen. Denn in diesen Schulen fühlen sich alle viel wohler als in der heutigen Mehrheitsschule, in der halt doch jede und jeder mehr oder weniger für sich schaut, in der statt klarer Verantwortlichkeiten vielerorts informelle Machtstrukturen dominieren, in der das Misstrauen zwischen Eltern und Lehrkräften zunimmt und in der letztlich die Anerkennung für die meist grosse Leistung der Lehrerinnen und Lehrer ausbleibt.

Das vorliegende Buch nimmt als Ausgangslage Meinungen auf, die im alltäglichen Gespräch über Schule weit verbreitet sind. Unter dem Titel «Richtig oder falsch?» werden fünf häufig genannte Problemfelder und zwei gängige Lösungsmuster dem schulpolitischen Stammtisch quasi in den Mund gelegt. Als Problemfelder wähle ich die Chancengleichheit, die frühkindliche Entwicklung, die Frage, inwiefern Ausländerkinder das Schulniveau drücken, die Risiken der frühen Selektion sowie die Rolle der Eltern. Bei den Lösungen steht die Frage nach mehr Geld sowie nach freier Schulwahl im Zentrum.

Im zweiten Teil leuchte ich diese sieben Themenbereiche genauer aus und gehe der Frage nach, inwiefern diese «Stammtischmeinungen» mit den wissenschaftlichen Erkenntnissen übereinstimmen. Dabei beschränke ich mich auf die ersten fünfzehn Lebensjahre, also auf die Kinder von ihrer Geburt bis zum Ende der obligatorischen Schulzeit. Der Fokus liegt dabei auf der Deutschschweiz.

Im dritten Teil fasse ich die georteten Probleme zusammen, ziehe meine Schlüsse daraus und skizziere meine Vision einer Schule mit Zukunft. Weil ich der Überzeugung bin, dass das Rad nicht neu erfunden werden muss, blicke ich in den Norden. Die Erfahrungen und Erkenntnisse der skandinavischen Länder ermutigen mich: Eine Schule mit Zukunft ist möglich. Was aber muss sich ändern? Eine moderne Schule braucht eine moderne Pädagogik und eine moderne Schulorganisation. Wir werden den Weg auf den Gipfel finden, wenn wir dem Wegweiser mit dem Hinweis folgen: Bildung ist Beziehungsarbeit und Schule ist Teamarbeit. So wird die Schule endlich das sein, wofür sie geschaffen ist: den Kindern einen chancenreichen Start ins Leben ermöglichen.

Richtig oder falsch? – Die Schule am Stammtisch

Hinsichtlich der Schule sind wir alle Expertinnen und Experten. Das erlebe ich jeweils deutlich, wenn ich an Podien oder Diskussionsrunden zur Bildungspolitik teilnehme und mit entsprechend vielfältigen und auch pointierten Meinungen zu Schulthemen konfrontiert werde. Ich möchte eine Auswahl davon an den Beginn dieses Buches stellen – ohne Kommentar und ohne Wertung. Ich möchte damit zeigen, wie verschieden und oft widersprüchlich die Meinungen zu den wichtigsten Problemfeldern der Schule sind.

«Die Volksschule schafft gleiche Chancen!»

Die Forderung einer Schule, die Chancengleichheit für alle bietet, steht meist am Anfang einer politischen Diskussion. Sehr rasch merkt man, dass alle etwas anderes darunter verstehen. Je nach Verständnis wird das Ziel der Chancengleichheit unterstützt oder auch in Frage gestellt: Das tönt dann so:

«Unsere Volksschule bietet allen Kindern dieselben Chancen.»

«Chancengleichheit ist eine Worthülse. Nur schon ein falscher Name reicht, und deine Chancen sind weg.»

«Chancengleichheit kann nicht das Ziel sein. Wir müssen die Besten fördern.»

«In der heutigen Volksschule haben Knaben das Nachsehen.»

«Dadurch, dass alle Kinder in den ersten sechs Schuljahren dieselbe Schule besuchen, können Herkunftsunterschiede ausgebügelt werden.»

«Mit der Schule beginnt der Ernst des Lebens!»

Besonders kontrovers wird die Frage diskutiert, ab wann für die Kinder die obligatorische Schulzeit beginnen soll. Was kann den Kindern in welchem Alter zugemutet werden? In dieser Diskussion prallen Weltbilder aufeinander. Gesellschaftliche Vorstellungen und Ideologien werden auf die Kindheit projiziert.

«Kinder sollen Kinder sein dürfen. Sie sollen spielen dürfen und nicht lernen müssen. Wer Kinder zu früh fördert, raubt ihnen die Kindheit.»

«Die ersten Jahre sind für die Entwicklung eines Kindes entscheidend.»

«Krippenkinder haben es später einfacher. Während andere noch das Sozialverhalten trainieren müssen, können sie sich bereits auf weitere Lernfelder konzentrieren.»

«Ein gesundes Kleinkind braucht keine spezielle Förderung. Verantwortungsvolle Eltern wissen, was für ihr Kind das Beste ist.»

«Niemand bringt einem Kleinkind mehr bei als ein anders Kind.»

«Krippen braucht es, damit Ausländerkinder Deutsch lernen. Für Kinder aus normalen Familien braucht es sie nicht.»

«Die frühere Einschulung ist gegen die Interessen der Kinder. Hinter solchen Absichten stecken der immer grössere Ehrgeiz der Eltern und der Druck der Wirtschaft.»

«Ausländerkinder drücken das Schulniveau!»

Bei der Diskussion um die Ausländerquote in den Schulklassen spüre ich oft eine Verkrampfung. Die meisten Eltern wollen nicht ausländerfeindlich sein und haben trotzdem Angst, dass ihre Kinder unter der Zusammensetzung der Klasse leiden könnten. Und so stehen die verunsicherten Eltern zwischen Beschwichtigungen auf der einen Seite und Dramatisierung auf der anderen.

«Wenn der Anteil der Ausländerkinder in einer Klasse zu hoch ist, leiden darunter die Schweizer Kinder.»

«Entscheidend ist nicht der Pass, sondern die Haltung der Eltern.»

«Die Diskussion um die Ausländerkinder ist nur eine Ablenkung. Das viel wichtigere Thema ist nämlich die Unterrichtsqualität.»

«Eine hohe Ausländerquote kann für Schweizer Kinder eine Chance sein.»

«Wo viele Ausländer sind, ist auch viel Gewalt.»

«Es gibt auch viele Schwierigkeiten mit Schweizer Schülern, das wird aber in der öffentlichen Diskussion immer ausgeblendet.»

«Ausländerkinder, die die Sprache noch nicht können, sollen in separaten Schulen unterrichtet werden.»

«Selektion und Sonderschulung sind Voraussetzungen für individuelles Lernen!»

Wie heterogen darf eine normale Klasse sein? Die verhältnismässig junge Diskussion über die Nachteile der Selektion und der Sonderschulung provoziert vor allem in den Lehrerzimmern. Viele wollen auf diese Möglichkeiten nicht verzichten. Andere erkennen in den integrativen Schulformen neue Chancen.

«Früher war es einfacher: Am ersten Schultag sassen alle Kinder in den Bänken und der Lehrer konnte beginnen, ihnen das Rechnen und das Lesen beizubringen.»

«Die heutige Einteilung in unterschiedliche Sekundarstufen hat bei vielen Kindern nichts mit ihren tatsächlichen Fähigkeiten zu tun. Das ist ungerecht.»

«Eine Schule ohne Noten ist keine richtige Schule.»

«Jede Lehrkraft hat einen eigenen Massstab.»

«Besonders auffällige Kinder – sowohl am unteren wie auch am oberen Rand des Leistungsspektrums – sollen in den Leistungsfächern Sprache und Mathematik so oft wie möglich separat geschult werden.»

«Auf die Eltern ist kein Verlass mehr!»

Wir kennen die Klage über die unzuverlässigen Eltern. Sie kommen vor allem von den Lehrerinnen und Lehrern, nicht selten jedoch auch von den Eltern selber, die mit ihrer Kritik natürlich nicht sich selber meinen. Die Medien nehmen diese Debatte breit auf und geben ihr damit viel Raum.

«Die Eltern geben immer mehr Erziehungsverantwortung an die Schule ab.»

«Die Schule ignoriert die Eltern vollkommen.»

«Die Eltern werden für die Schule ein Problem: Sie mischen sich zu stark ein oder sind vollkommen desinteressiert.»

«Als Eltern weiss man nie, an wen man sich wenden soll.»

«Mehr Geld macht bessere Schulen!»

Wenn man auf die Lösungen zu sprechen kommt, geht es meist zuerst ums Geld. Die einen sehen in grösseren Investitionen den Schlüssel zu besseren Schulen, andere wiederum sind davon überzeugt, dass die Schweiz schon zu viel für die Schule ausgibt. Einen besonderen Diskussionsstoff liefert das Thema Lehrerlöhne. Den zu tiefen Ansatz sehen viele als Grund für den hohen Frauenanteil im Lehrerberuf.

«Wo das Geld fehlt, fehlen meist auch die Motivation und die Leistungsbereitschaft.»

«Hätten wir wieder kleinere Klassen, wären auch die Schulresultate besser.»

«Am Geld kann es nicht liegen.»

«Unter den knappen Ressourcen und der damit einhergehenden Feminisierung des Lehrerberufs leiden vor allem die Knaben.»

«Andere Länder geben deutlich mehr aus für die Schule.»

«Die freie Schulwahl löst die Probleme!»

Die Debatte um die freie Schulwahl ist in der Schweiz relativ neu. In vielen Diskussionsrunden spielt sie kaum eine Rolle, weil niemand darin einen wirklichen Lösungsweg sieht. Wo die Frage aber diskutiert wird, sind die Auseinandersetzungen heftig und sehr grundsätzlich. Meist stecken bei den Befürwortenden eigene schlechte Erfahrungen mit der Volksschule dahinter.

«Die freie Schulwahl ist das Ende der Volksschule.»

«Am innovativsten sind heute die Privatschulen.»

«Die Eltern sind nicht an der Verbesserung aller Schulen interessiert. Ihr Blick richtet sich einzig auf die Chancen des eigenen Kindes.»

«Wer sich eine Privatschule oder einen Umzug leisten kann, hat heute schon die freie Schulwahl.»

«Die freie Schulwahl scheitert an den konkreten Fragen.»

«Hätten wir die freie Schulwahl, würde das ewige Gejammer über die Reformen mit einem Schlag verstummen.»

Öffentliche Schule vor dem Ende oder billige Panikmache?

Was stimmt nun? Wo wird verharmlost, und wo wird zu schwarzgemalt? Stehen wir wirklich am Anfang vom Ende der öffentlichen Schule? Oder können wir uns zurücklehnen und die Klagen über Schülerinnen und Schüler, die nach Abschluss der Schule kaum lesen und schreiben können, als billige Panikmache abtun? Haben uns die moderne Pädagogik und die Abkehr von Drill und Zucht tatsächlich in die Irre geführt? Sind einfach die Eltern schuld, die ihre Kinder nicht mehr im Griff haben? Oder ist die aktuelle Schuldebatte nur eine Stellvertreterdiskussion, bei der es weniger um die Schule geht als vielmehr um die Veränderungen in der Gesellschaft? Diesen Fragen möchte ich in den folgenden Kapiteln nachgehen, indem ich verschiedene kontroverse Meinungen zur Schule mit Erkenntnissen aus der Wissenschaft vergleiche.

Fakten statt Mythen

Chancengleichheit? Wenn Herkunft statt Leistung entscheidet

«Bildung macht, dass der Mensch nicht länger ist,
als was er geboren war, sondern zu dem wird, was er kann.»

Moritz Leuenberger, Bundesrat

Was heisst Chancengleichheit?

«No child left behind» ist zur internationalen Chiffre für die Chancengleichheit geworden. Doch was bedeutet Chancengleichheit? Geht es um die hier angesprochene Anschlussfähigkeit? Geht es um das Vermeiden von Diskriminierungen? Geht es um individuelle Förderung? Der Bildungsforscher Urs Moser (2007a) unterscheidet zwischen primären und sekundären sozialen Unterschieden. Erstere sind das Resultat unterschiedlicher Veranlagungen und Begabungen sowie fehlender Unterstützung durch das Elternhaus. Sekundäre Unterschiede entstehen durch diskriminierende Entscheide des Systems Schule, beispielsweise wenn Kinder mit gleichen Fähigkeiten aufgrund unterschiedlicher Herkunft unterschiedlich behandelt werden.

Statt von Chancengleichheit sprechen viele Bildungsfachleute zunehmend von Chancengerechtigkeit. Wie verhalten sich Gleichheit und Gerechtigkeit zueinander? Angelika Krebs (2000), Philosophin an der Universität Basel, beschreibt den gesellschaftlichen Mainstream zum Begriff «Gerechtigkeit» folgendermassen: «Gerechtigkeit besteht in der Schaffung gleicher Lebensaussichten für alle Menschen.» Ihr Blick richtet sich also auf die Ausgangslage. Anders der Genfer Soziologe Walo Hutmacher (2005). Er beschäftigt sich mit der Messbarkeit und damit mit dem Ergebnis. Zum Unterschied zwischen Gerechtigkeit und Gleichheit hält er fest, dass sich Gleichheit relativ einfach messen lasse, was bei Gerechtigkeit anders sei. Gerechtigkeit sei nicht wirklich messbar, sondern vielmehr eine Frage des gesellschaftlichen Empfindens. Und dieses lasse auch Ungleichheit zu. «Eine Mehrheit der Bürgerinnen und Bürger findet, dass die Schule legitimiert sei, ungleiche Ergebnisse zu produzieren, unter der Voraussetzung, dass sie nicht ganze Gruppen von Menschen diskriminiert und dass sie die Chancengleichheit von Kindern unterschiedlicher Herkunft und Nationalität gewährleistet.»

Wir haben es beim Begriffspaar «Gleichheit und Gerechtigkeit» mit verschiedenen Dimensionen zu tun. Erstens stellt sich die Frage, ob wir von einer «Ausgangsgerechtigkeit» oder einer «Ergebnisgerechtigkeit» ausgehen. Zweitens müssen wir uns fragen, inwiefern Gleichheit gerecht ist, respektive Gerechtigkeit Ungleichheit zulässt. Und als Drittes steht die Frage im Raum, weshalb die Chancengleichheit in der aktuellen Bildungspolitik einen so dominanten Platz einnimmt.

Gleichheit gibt es nicht. Die Menschen sind unterschiedlich. Ihre Begabungsprofile sind individuell verschieden; und ob man es gut findet oder nicht: Es gibt begabtere und weniger begabte, intelligentere und weniger intelligente Menschen. Daneben nehmen aber auch sozial und kulturell bedingte Unterschiede zu. Verschiedenheit und Vielfalt sind damit das soziologisch auffälligste Merkmal heutiger Gesellschaften. Was heisst Chancengleichheit vor dem Hintergrund zunehmender Ungleichheit? Und was heisst Chancengerechtigkeit?

Ungleichheit kann gemäss Hutmacher als gerecht empfunden werden. Ungerecht ist Ungleichheit dann, wenn unverdiente Nachteile zur Ungleichheit führen. Oder anders herum: Ziel der Gerechtigkeit ist die Vermeidung unverdienter Nachteile. Damit fordert Chancengleichheit zweierlei: Erstens, dass alle dieselben Start- oder Ausgangschancen haben. Und zweitens, dass niemand ohne eigenes Verschulden oder Zutun benachteiligt wird. Chancengerechtigkeit bezieht sich meiner Meinung nach nur auf den zweiten Teil. Chancen können nämlich auch als gerecht verteilt scheinen, wenn sie ungleich verteilt sind. Ich verwende deshalb in der Folge den umfassenderen Begriff «Chancengleichheit».

Trotz Verschiedenheit gleiche Chancen

Fakt ist: Die Menschen sind als Individuen ungleich. Diese Ungleichheit entsteht aufgrund nicht beeinflussbarer Faktoren wie Veranlagung und Begabung. Darauf hat die Politik keinen Einfluss. Menschen sind aber auch sozial ungleich. Die soziale Ungleichheit entsteht aufgrund politisch indirekt beeinflussbarer sowie politisch direkt beeinflussbarer Faktoren. Nur indirekt beeinflussbar ist beispielsweise die familiäre Situation. Diese ist in der Schweiz in Bezug auf Herkunft, finanzielle und berufliche Perspektiven, Bildungsstatus der Eltern usw. sehr ungleich. Sehr direkt beeinflussbar sind die (vor-)schulischen Rahmenbedingungen. Ich wage sogar die Behauptung, dass nirgends der Einfluss der Politik auf die Verteilung der Chancen so gross und so direkt ist wie in der Schule. Doch gibt es auch Grenzen: Die Schule ist zwar in der Lage, Diskriminierungen zu verhindern und die Kinder individuell zu fördern. Nicht erwarten können wir jedoch, dass sie die teilweise sehr grossen familiären Herkunftsunterschiede auszugleichen vermag. Moser (2007a) warnt deshalb: «Der leichtfertige Umgang mit dem Begriff «Chancengleichheit» schadet der Volksschule insofern, als dass sie für Missstände verantwortlich gemacht wird, die nicht in ihrem Einflussbereich liegen.» Wer Chancengleichheit ernst nimmt, muss deshalb auch bereit sein, die Familien- und Sozialpolitik sowie die Wirtschafts- und Arbeitsplatzpolitik so zu gestalten, dass sie zur Chancengleichheit beitragen.

Wie unterschiedlich die Entwicklung der Kinder ab Geburt ist, zeigt der bekannte Kinderarzt Remo Largo in seinen Büchern «Babyjahre» und «Kinderjahre». Kinder haben ihren ganz persönlichen Entwicklungsplan. Je kleiner Kinder sind, desto eigenaktiver und von der

Umwelt unabhängiger ist ihre Entwicklung. Alle gesunden Kinder lernen früher oder später komplexe Vorgänge wie Kriechen, Gehen und auch Sprechen, ohne dass man es ihnen beibringen muss. Ihr Entwicklungstempo und teilweise die Abfolge der einzelnen Schritte ist individuell. Kinder sind von Beginn an individuelle Wesen, und sie bleiben es auch als Erwachsene ihr Leben lang.

Wenn Kinder verschieden sind und trotzdem dieselben Chancen haben sollen, kann die Antwort nicht Gleichmacherei heissen. Je besser die Schule auf die Unterschiedlichkeit der Kinder eingehen kann, desto grösser ist ihr Beitrag an die Chancengleichheit. Die Antwort muss deshalb individuelle Förderung heissen. Oder wie es Urs Moser (2007b) formuliert: «Die zentrale Frage für eine chancengleiche Schule lautet nicht, zu welchem Angebot ein Kind passt, sondern was die Schule tun kann, damit sie das Kind zum Erfolg führen kann.» Bei aller Betonung gleicher Chancen: Chancengleichheit in einer freien Gesellschaft darf nicht Ergebnisgleichheit bedeuten. Nur schon deshalb, weil jeder Mensch das Recht auf Verweigerung hat. Wer seine Talente nicht nutzen will, soll das dürfen. In uns allen schlummern Fähigkeiten, die wir bisher aus irgendwelchen Gründen nie entwickelt haben. Auch Kinder und Jugendliche haben das Recht, nicht das Letzte aus sich herauszuholen. Die Gesellschaft und speziell die Schule müssen gleiche Chancen bieten, nicht aber Gleichheit herstellen. Jeder Mensch ist anders. Nur sein Wert und seine Rechte sind gleich.

Alle haben Anspruch auf die Förderung ihrer Fähigkeiten und Potenziale

Weshalb hat Chancengleichheit eine so zentrale Stellung in der Bildungsdiskussion? Hinter der Idee der Chancengleichheit stehen ethische, staatsrechtliche und ökonomische Überlegungen. «Bildung macht, dass der Mensch nicht länger ist, als was er geboren war, sondern zu dem wird, was er kann», beschreibt Moritz Leuenberger (2007) in einer Rede die ethische Dimension der Forderung nach Chancengleichheit. Etwas weniger elegant ausgedrückt: Aufgabe der Bildungspolitik ist es nicht, Kinder zu etwas zu machen, was sie nicht sind. Vielmehr geht es darum, einen Rahmen zu schaffen, in welchem sie ihre Veranlagungen, Fähigkeiten und Talente entwickeln und zum Blühen bringen können.

Die zweite Begründung ist die (rechts-)staatspolitische. Die Demokratie als Staatsform, welche allen Bürgerinnen und Bürgern gleiche Rechte gewährt und der Rechtsstaat, der diese gleichen Rechte schützt, fussen auf der Idee der Chancengleichheit. Wo soziale Klassen oder gar Kasten die Chancen verteilen, stehen Demokratie und Rechtsstaat über kurz oder lang auf verlorenem Posten.

Chancengleichheit ist aber auch ökonomisch begründet. Eine Gesellschaft, die auf Leistung baut, muss den Besten die besten Chancen eröffnen und nicht primär jene fördern, die ins richtige Nest geboren wurden. Eine Gesellschaft, die sich weiterentwickeln will, darf sich deshalb nicht auf die Seite des meist satten Establishments schlagen, sondern sollte sich immer die Frage stellen, wer die grössten Fähigkeiten, am meisten zu gewinnen und die höchste Motivation fürs Vorwärtskommen hat.

Stützt man sich auf die Theorie des französischen Soziologen Pierre Bourdieu (1983), der nachgewiesen hat, dass das Bildungssystem wesentlich für die Reproduktion des Sozialstatus mitverantwortlich ist, erkennt man die herausragende Bedeutung des Schulsystems für die Chancengleichheit. Ohne kraftvolles und gezieltes Gegensteuern wird die Schule nicht Talente fördern, sondern in erster Linie den sozialen Status zementieren.

Chancengleichheit bedeutet demnach, dass wir die ungleichen sozioökonomischen und kulturellen Ausgangslagen der Kinder vor allem durch das Bildungssystem, aber mit Unterstützung anderer Politikfelder auszugleichen versuchen, mit dem Ziel, dass alle Kinder unabhängig von familiärer Herkunft oder Geschlecht dieselben Chancen haben, ihre Talente zum Blühen zu bringen. Die Formel «No child left behind» greift zu kurz. Es geht nicht nur um die Angleichung der Benachteiligten an die Privilegierten, sondern um die Förderung aller Menschen aufgrund ihrer Fähigkeiten und Potenziale. Damit stärken wir die Demokratie und den Rechtsstaat. Wir stärken den Gedanken der Gerechtigkeit und handeln nach dem Grundsatz «Fähigkeit statt Herkunft».

Wo steht die Schweiz in Sachen Chancengleichheit?

Inwiefern die Chancengleichheit erfüllt ist, zeigt sich anhand verschiedener Kennzahlen. Darunter hat es solche, die mehr die «äussere Qualität» der Schule ins Auge fassen, und andere, die quasi in die Schule hineinschauen.

1. Äusserlich am auffallendsten sind die sehr hohe Schulungsrate in der Schweiz sowie die Stellung der öffentlichen Schule, also der Volksschule. 99.6 Prozent der 5- bis 14-Jährigen besuchen eine Schule oder einen Kindergarten. Dieser Anteil liegt klar über dem OECD-Durchschnitt von 98.4 Prozent. Sehr deutlich unter dem OECD-Durchschnitt von 68.5 Prozent liegt die Schweiz mit 26.1 Prozent bei der Schulungsrate von 4-Jährigen und Jüngeren (OECD 2006a). 96.6 Prozent der Schülerinnen und Schüler besuchen eine öffentliche Schule. Auf der Stufe Kindergarten (Vorschule) sind es 91.1 Prozent und auf der Sekundarstufe II 94.4 Prozent (BFS 2008a). Aus diesen Zahlen lässt sich schliessen, dass nahezu alle Kinder in der Schweiz Zugang zur kostenlosen öffentlichen Schule haben. Eine wichtige Forderung der Chancengleichheit ist damit erfüllt.
2. Positiv ist auch die Entwicklung des Bildungsniveaus. Dieses hat sich in der Schweiz zwischen 1970 und 2000 deutlich verbessert. Eine Detailanalyse zur Volkszählung 2000 (BFS 2005) zeigt, dass

1980 noch die Hälfte der 25-Jährigen und der über 50-Jährigen nur über einen obligatorischen Schulabschluss verfügten. Zwanzig Jahre später betrug der Anteil dieser Gruppe weniger als 30 Prozent. Zudem ist der Studie zu entnehmen, dass sich der Anteil der Hochschulabsolventinnen und -absolventen im selben Zeitraum von 11 Prozent auf 21 Prozent fast verdoppelt hat.

3. Anders ist das Bild, wenn wir in die Schulen hineinschauen. Die Schweiz hat einen überdurchschnittlichen Anteil an Risikoschülerinnen und Risikoschülern (Moser 2007a). Zwischen 15 und 20 Prozent erreichen das Niveau der Basiskenntnisse nicht oder nur knapp. Diese Jugendlichen haben grosse Mühe beim Übergang vom Schul- ins Arbeitsleben. Auch werden sie in ihrem künftigen Leben kaum Zugang zu Weiterbildungsangeboten haben.
4. Die Schweiz hat eine hohe Sonderschulquote. 1980 besuchten weniger als fünf von hundert Kindern eine Sonderklasse oder eine Sonderschule. Heute sind es fast sechs von hundert Kindern (BFS 2008b). Geradezu unglaublich sind die Zahlen bei den sonderschulischen Massnahmen. Eine Untersuchung in den Schulen des Kantons Zürich hat gezeigt, dass weniger als die Hälfte aller Kinder die Schule ohne solche Massnahmen durchlaufen. 57 Prozent der Kinder haben bis zur dritten Klasse ein sonderpädagogisches Angebot in Anspruch genommen. Dazu zählen auch jene Kinder, die eine Klasse repetiert oder übersprungen haben. Kinder mit Migrationshintergrund werden häufiger in Kleinklassen unterrichtet und erhalten mehr zusätzliche Massnahmen (Bildungsdirektion Kanton Zürich 2007a). «Sonderpädagogische Massnahmen mögen zu einer kurzfristigen Entlastung der Kinder und der Lehrpersonen führen, ihre langfristigen Auswirkungen sind aber nicht nur positiv zu beurteilen» (Moser 2007a).

Sonderschulen und sonderpädagogische Massnahmen im Kanton Zürich

Sonder- oder Heimschulen gibt es unter anderem für Kinder mit starken Verhaltensauffälligkeiten, für cerebralgelähmte Kinder, für gehörlose und/oder blinde Kinder usw.

Sonderpädagogische Massnahmen gibt es für sehr verschiedene Bedürfnisse:

Legasthenie, Logopädie, Dyskalkulie, Psychomotorik, Deutsch für Kinder mit anderer Muttersprache, Begabtenförderung

Zu den sonderpädagogischen Massnahmen gehören auch die Kleinklassen, beispielsweise für jene Kinder, die frisch in die Schweiz gekommen sind und die während ein paar Monaten in einer Kleinklasse intensiv Deutsch lernen, um anschliessend in der Regelklasse mithalten zu können. (Bildungsdirektion Kanton Zürich 2008a)

Welche Schlüsse können wir aus diesen teilweise beeindruckenden Kennzahlen ziehen? Die Schweiz nutzt ihr Potenzial nicht. Die Kinder gehen spät zur Schule. Viele müssen deshalb aufs Lernen warten. Die starke Normierung führt zu Unter- und Überforderung. Beides hemmt die Entwicklung der Kinder.

Diese Befunde machen klar: Wir haben in Sachen Chancengleichheit einiges zu tun. Dazu müssen wir die drei stärksten Einflussfaktoren – sozioökonomischer Status, Migrationshintergrund und Geschlecht – genauer unter die Lupe nehmen.

Soziale Herkunft entscheidet

«Zuerst hatten wir kein Glück, dann kam auch noch Pech dazu!» Das Fazit des Fussballers Jürgen Wegmann auf ein verlorenes Spiel ist für viele Menschen traurige Lebensrealität. Bildungsferne Familien kämpfen oft an allen Fronten: Geldsorgen, Gesundheitsprobleme, beengte

Wohnungsverhältnisse, komplizierte Familiensituationen, unsichere Arbeitsstellen. Zwar sind in dieser Gruppe die ausländischen Familien überproportional vertreten, doch gibt es auch viele Schweizer Familien, die in prekären Verhältnissen leben.

Fehlende Bildung als Armutsrisiko

Hauptmerkmal der sozioökonomisch benachteiligten Familien ist die geringe Bildung. Jeannine Silja Volken und Carlo Knöpfel (2004) halten in einer Caritas-Studie fest, dass es in den verschiedenen Armutsstudien eine Konstante gibt: «Die Wahrscheinlichkeit, wiederholt mit Armutsrisiken konfrontiert zu sein, ist umso grösser, je tiefer das Bildungsniveau der Personen ist.» Eine Verstärkung des Armutsrisikos tritt zudem gemäss dieser Studie dann auf, wenn das niedrige Einkommen, das in der Regel mit einem tiefen Ausbildungsniveau gekoppelt ist, durch lebensgeschichtlich bedingte Ereignisse wie Geburt, Tod, Scheidung oder durch Arbeitslosigkeit zusätzlich belastet wird.

Der soziale Aufstieg ab Berufswahl ist selten. Die Caritas-Studie weist auf eine Untersuchung von René Levy und seinen Kollegen hin, die festhält: «Die Mobilitätsanalyse hat gezeigt, dass die Fälle absteigender Mobilität zwischen der sozialen Herkunft und der Stellung mit 25 bzw. 45 Jahren viel häufiger sind als jene aufsteigender Mobilität.» Etwas einfacher formuliert heisst das: Wer schlecht ausgebildet ist, hat ein hohes Risiko, während seines Lebens sozial abzusteigen. Der soziale Aufstieg ist für diese Menschen hingegen sehr unwahrscheinlich. Die typische Tellerwäscher-Karriere, bei der jemand ganz unten anfängt und sich allmählich hinaufarbeitet, gibt es in der Schweiz also praktisch nicht. Die Autoren schliessen daraus, dass in der Schweiz weiterhin das Ausbildungsniveau über den sozialen Status entscheidet. Die Weichen werden also bereits mit rund 20 Jahren gestellt: Je anspruchsvoller die Lehre oder der Studienabschluss, desto weiter oben steht jemand auf der sozialen Leiter, und zwar in der Regel während des ganzen Lebens.

Knaben lesen wenig

Einen starken Einfluss hat der sozioökonomische Hintergrund auf das Leseverhalten und die Lesefähigkeit. «Lesen ist eben nicht nur lesen lernen», wie der Zürcher Erziehungswissenschafter Jürgen Oelkers (2005) in einem Referat ausführt, in dem er das unterschiedliche Leseverhalten von Mädchen und Knaben thematisiert. «Lesen», so Oelkers, «hat zu tun mit fortlaufender anspruchsvoller Lektüre, die das Verstehen schult. Darüber entscheidet nicht alleine die Schule, sondern das gesamte Lernumfeld des Kindes.» Da vor allem Buben beim Lesen zurückfallen, erklären sich hier die besonders häufigen Schulschwierigkeiten fremdsprachiger Knaben aus sozioökonomisch belasteten Familien. Oelkers verweist in seinem Referat auf eine Untersuchung des australischen Parlaments und hält fest: «Jungen fallen nicht nur im Lesen zurück, sondern in allen Aspekten der Literalität (Umgang mit Sprache in allen Bereichen, also Hören, Lesen, Schreiben, Verstehen, Sprechen). Sie können sich schriftlich nicht besonders gut ausdrücken, lesen oft nur mechanisch und sind auch im Zuhören wenig geübt. Ihre Rhetorik ist vielfach schwach und ihre Sichtweisen sind rezeptiv. Das sind keine guten Aussichten für den Arbeitsmarkt der Zukunft.»

Migrationshintergrund als Stolperstein

Die junge Frau ist frustriert: «Mein Lehrer in der sechsten Klasse glaubte nie, dass ich intelligent bin. Wer einen Namen hat, der nach Balkan tönt, kommt höchstens in die Sek. B. Erst mit der Berufsmatur konnte ich beweisen, dass auch Leute wie ich an eine Hochschule können.»[1] Was Dajana erlebte, ist kein Einzelfall. Die jungen Men-

1 Ausschnitt aus einem privaten Gespräch mit einer jungen serbischen Frau. Sek. B ist im Kanton Zürich jene Abteilung der Oberstufe, die grundlegende Fertigkeiten vermittelt und als Vorbereitung für eine Berufslehre mit tiefen bis mittleren Anforderungen gilt.

schen, die mit ihren Eltern in die Schweiz kommen, sind genauso unterschiedlich intelligent wie die Kinder mit einem Schweizer Pass.

Nix Schweizer – nix Schulerfolg

Die Auswertung der Resultate aus dem PISA-Test 2003 (OECD 2007a) zeigt jedoch, dass Schülerinnen und Schüler, die im Ausland geboren wurden und erst im Lauf der Kindheit in die Schweiz gekommen sind (sogenannte Migranten/-innen erster Generation), in Mathematik deutlich schlechter abschlossen als die einheimischen Schülerinnen und Schüler. Der Rückstand beträgt je nach Fach bis zu zwei Schuljahre. Für die zweite Generation, also für diejenigen Schülerinnen und Schüler, deren Eltern eingewandert sind, die selber aber bereits in der Schweiz geboren wurden, verringert sich die Differenz. Die Schweiz gehört zusammen mit den meisten europäischen Ländern (darunter auch Schweden und Norwegen) zu jenen Ländern, in denen die soziale und geografische Herkunft entscheidend ist für den Schulerfolg. Wer aus einer gut ausgebildeten Familie aus der Schweiz oder einem vergleichbaren Land kommt, hat wesentlich bessere Karten für eine erfolgreiche Schulkarriere als ein Kind aus einem armen Land und/oder einer sozial schwachen Familie. Diese Herkunftsunterschiede spielen längst nicht in allen Ländern eine so dominante Rolle wie in der Schweiz. Wesentlich besser schneiden beispielsweise Kanada und Neuseeland ab. Die Gründe für diese Durchschnittswerte liegen vor allem in der Einwanderungspolitik.

Während sich in Kanada und Neuseeland die Einwanderungspolitik seit vielen Jahren auf gut ausgebildete, vor allem aus dem asiatischen Raum stammende Leute ausrichtet, ist die Einwanderung in Europa geprägt von der Suche nach billigen Arbeitskräften aus ärmeren, südlichen Ländern. Der typische Einwanderer in Kanada ist der hoch ambitionierte Hongkong-Chinese, der meist über eine universitäre Ausbildung verfügt. Frau und Kinder kommen in der Regel gleichzeitig ins neue Land. Die Einwanderung ist von der Regierung mit einem Punktesystem gesteuert. Eine Niederlassungsbewilligung bekommen jene, die über genügend Punkte verfügen. Mit mehr oder weniger Punkten bewertet werden die Ausbildung der Eltern, die Sprachkenntnisse, die bereits zugesicherte Stelle, die finanziellen Verhältnisse, die Wohnmöglichkeiten, die Frage, ob bereits Verwandte im Land leben usw. Demgegenüber kam der typische Einwanderer bei uns im Zuge der Arbeitsmigration des letzten Jahrhunderts aus dem ländlichen Süden Europas in die Schweiz. Er verfügte kaum über einen Grundschulabschluss. Das städtische, moderne Leben war ihm weitgehend unbekannt, und die sozialen Kontakte beschränkten sich auf Menschen, die in einer ähnlichen Situation leben. Sobald er genug Geld hatte, liess er zuerst seine Frau und dann seine Kinder nachkommen.

Neue Einwanderung

Seit einigen Jahren sind jedoch Veränderungen sichtbar, wohl tatsächlich als Folge der veränderten Einwanderungspolitik (Abschaffung Saisonnierstatut, Vertrag über die Personenfreizügigkeit mit der EU). Knapp 40 Prozent der zwischen 1995 und 2000 eingewanderten Personen verfügen über einen Tertiärabschluss, das heisst einen Universitäts- oder Fachhochschulabschluss. Ausländerinnen und Ausländer, die aus westeuropäischen Ländern in die Schweiz kommen, haben inzwischen sogar ein höheres Bildungsniveau als Einheimische (NZZ 10.11.2004). Einen positiven Effekt auf das Bildungsniveau der Zugewanderten und vor allem ihrer Kinder hat offenbar auch das Angebot der Berufsmaturität und der Fachhochschulen (BFS 2005) – eine Chance, die auch Dajana packte.

Sonderbehandlung = Diskriminierung?

Grosser Nachholbedarf besteht im Bereich der Sonderschulung. In Kantonen mit einer hohen Sonderschulquote steigt das Risiko für Kinder ohne Schweizerpass, einer solchen Klasse zugewiesen zu werden (SKBF 2005). So besuchen im Kanton Zürich rund 9.5 Prozent (Vorjahr: 12 Prozent) aller ausländischen Schülerinnen und Schüler eine Kleinklasse (ohne Kleinklasse E für neu zugezogene Fremdsprachige), hingegen nur 3.2 Prozent (Vorjahr: 4 Prozent) der Schweizer Kinder (Bildungsdirektion Kanton Zürich 2007a).

Diese Zahlen zeigen, dass das Beispiel von Dajana durchaus repräsentativ ist: Nebst den schlechteren Chancen durch die Herkunft kommen diskriminierende Benachteiligungen in der Schweiz dazu. Diese sind in erster Linie die Folge von Vorurteilen. Weil von den Kindern aus gewissen Herkunftsländern weniger erwartet wird, werden sie auch weniger gefördert. Die Sprache spielt dabei eine entscheidende Rolle. Bei der Leistungsbeurteilung von Kindern mit mangelhaften Sprachkenntnissen stellt sich daher die zentrale pädagogische Frage: Wie finde ich heraus, zu welchen Leistungen ein Kind fähig wäre, wenn es die Schulsprache schon gut beherrschen würde? Da die Sprache für den Schulerfolg eine Schlüsselrolle spielt, ist sie auch der Schlüssel zur Chancengleichheit.

Knabenschule oder Mädchenschule?

Ein 14-Jähriger regt sich auf, dass Mädchen beim Langstreckenlauf trotz kürzeren Distanzen bessere Noten erhalten als die Jungen. Der Freund tröstet: «Reg dich nicht auf. Dafür verdienen wir später 20 Prozent mehr.» Diese Anekdote umreisst das Problem der gendergerechten Schule anschaulich. Sind denn nun eigentlich die Mädchen oder die Buben benachteiligt?

Die PISA-Ergebnisse zeigen ein unterschiedliches Bild. Im Lesen haben in der Schweiz die Mädchen mit einem Unterschied von 31 Punkten auf die Knaben die Nase deutlich vorn. Der OECD-Schnitt liegt bei 38 Punkten Differenz. In der Mathematik sind die Schweizer Knaben mit 13 Punkten vor den Mädchen. Hier beträgt der Unterschied im OEDC-Schnitt 11 Punkte. Am geringsten ist die Geschlechterdifferenz bei den Naturwissenschaften. Hier liegen in der Schweiz die Knaben 6 Punkte vor den Mädchen, bei einem OECD-Durchschnitt von 2 Punkten (OECD 2007b).

Mädchen passen besser

Schaut man auf die späteren Abschlüsse, zeigt sich ein klarer Trend. Bereits seit einigen Jahren machen deutlich mehr junge Frauen die Matur als junge Männer (BFS 2008c). Und seit 2007 ist auch die Geschlechterparität an der Gesamtheit der Hochschulen erreicht. Zum ersten Mal schliessen ziemlich genau gleich viele Frauen auf der Bachelor-/Lizenziatsstufe ab wie Männer (BFS 2008d).

Die Mädchen scheinen in jüngerer Zeit mit dem System Schule besser zurechtzukommen. Über die Gründe müssen wir spekulieren. Es kann einerseits daran liegen, dass der Kommunikationsfähigkeit in allen Fächern eine hohe Bedeutung beigemessen wird und die Sprachen stark gewichtet werden. Andrerseits kann auch das unterschiedliche Entwicklungstempo von Knaben und Mädchen eine wichtige Rolle spielen. Das Wachstum des Gehirns erreicht bei Mädchen mit 11 Jahren seinen Höhepunkt. Bei Knaben ist das erst drei Jahre später der Fall. Zudem reifen bei den Mädchen die meisten Teile des Gehirns schneller (Oelkers 2005). Eine weitere wichtige Rolle spielt auch das Verhalten der Mädchen respektive ihre Anpassungsfähigkeit. Praktisch alle Lehrkräfte erleben im Schulalltag, dass die Mädchen disziplinarisch weniger auffallen und häufiger dienende Aufgaben für die Klasse und deren Funktionieren übernehmen. Mädchen sind in der Regel fleissiger, ordentlicher und scheinen die direkte Anerkennung der Lehrerin oder des Lehrers mehr zu suchen. Mädchen scheinen sich in der Schule generell eher wohlzufühlen, während Knaben öfter anecken. Ist unsere Schule zu einer Mädchenschule geworden? Und hat das damit zu tun, dass immer mehr Lehrerinnen unterrichten, während der Anteil der Männer in diesem Beruf ständig zurückgeht?

Die typische Lehrerperson ist weiblich und stammt aus einer mittelständischen Schweizer Familie

Der Blick in die Lehrerstatistik lässt keine Zweifel offen, dass in den letzten Jahren der Frauenanteil im Lehrberuf markant gestiegen ist. Auf der Primarschulstufe besetzen die Frauen vier von fünf Lehrerstellen. Auf der Sekundarschulstufe machen sie rund 50 Prozent aus. Über die Gründe kann man mutmassen: Das Angebot an Teilzeitstellen, ein verhältnismässig tiefes Lohnniveau, geringe Aufstiegschancen werden oft erwähnt. Nebst den Ursachen für die zunehmende Feminisierung des Lehrberufs interessieren vor allem die Folgen. Hierzu fehlen wissenschaftliche Untersuchungen, also können wir nur spekulieren.

Auffallend ist, dass die Lehrkräfte in der Schweiz bezüglich ihrer sozialen Herkunft viel homogener sind als die Klassen, die sie unterrichten. Überspitzt gesagt, stammt die typische Lehrerin aus einer mittelständischen Schweizer Familie. Oft war ein Elternteil selber in einem pädagogischen Beruf tätig. Kaum je wurde diese typische Lehrerin im Laufe ihres Lebens mit schwierigen Situationen konfrontiert. Die eigene Familie war intakt. Die Eltern verfügten über genügend Geld und Zeit. Man wohnte in einem eigenen Haus. Man machte Ausflüge und gemeinsame Ferien. Das Leben war «in Ordnung». Welche Auswirkungen diese biografische Prägung der Lehrkräfte auf die Chancen der Kinder im Klassenverband hat, wissen wir nicht. Wir müssen aber annehmen, dass eine Dominanz typischer, mehr oder weniger homogener Biografien tendenziell normierend wirkt und damit die anpassungsfähigen, ruhigen und leistungsbereiten Mädchen bevorzugt.

Aber eben: Die Mädchen haben in der Schule zwar die besseren Noten. Doch später im Berufsleben verdienen die Männer rund 20 Prozent mehr und besetzen überproportional mehr Kaderstellen. Wann passiert der Bruch? Wann werden die Karten neu gemischt? Diese Frage ist nicht einfach zu beantworten.

Immerhin holen im akademischen Bereich die Frauen in der Schweiz mit einem beeindruckenden Tempo auf. Im Jahr 2000 verfügten gerade mal 9.7 Prozent der Frauen über einen Hochschulabschluss. Bei den Männern waren es 15.4 Prozent. 2007 waren es bei den Frauen 26.8 Prozent, bei den Männern 26.5 Prozent. Damit machten 2007 zum ersten Mal in der Schweiz gleich viele Frauen ein Lizenziat oder einen Bachelor wie Männer (BFS 2008d). Bereits im Jahr 2000 traf dies in den USA auch auf die Natur- und Ingenieurwissenschaften zu (Oelkers 2005).

Berufe haben ein Geschlecht

Anders sieht die Situation in der Berufsausbildung aus. Nach wie vor wählen die Jungen aus einer breiteren Palette von Berufen aus, während sich die jungen Frauen auf wenige Berufe konzentrieren, die zudem tendenziell weniger Entwicklungs- und Lohnpotenzial haben (BFS 2008e). Für die Frauen auf dem Arbeitsmarkt kommt der Bruch in der Beförderungspraxis und damit auch beim Lohn zwischen 25 und 35 Jahren. Eine potenziell anstehende Familiengründung bewirkt, dass Frauen kollektiv weniger gefördert werden. Frauen stehen in diesem Alter quasi unter Generalverdacht, bald aus dem Beruf auszusteigen oder nicht mehr hundertprozentig fürs Unternehmen zur Verfügung zu stehen.

Doch auch hier dürfte sich die Situation für die Frauen in den nächsten Jahren deutlich verbessern. Schaut man beispielsweise die Zahlen in der Weiterbildung an, so stellt man fest, dass sowohl universitäre Weiterbildungen als auch Weiterbildungen an den Fachhochschulen von immer mehr Frauen besucht werden. An der Universität hat sich die Anzahl Frauen, die ein Nachdiplomstudium bzw. eine Weiterbildung in Angriff nehmen, seit 1990 mehr als verdoppelt – an den Fachhochschulen gar mehr als vervierfacht. Frauen holen also auch im Bereich Weiterbildung, der für Karriereschritte besonders wichtig ist, massiv auf (BFS 2008f, 2008g).

Ungleich ist die Situation zwischen Frauen und Männern überall dort, wo es ums Geld geht. Vom Lohn haben wir schon gesprochen. Ungleiche Geldressourcen zeigen sich aber auch bei der Weiterbildung. Während diese in den Bereichen Banken, Versicherungen und Industrie meist von den mehrheitlich privaten Unternehmen finanziert werden, müssen Ausbildungswillige in den Bereichen Soziales, Verwaltung und Bildung entsprechende Angebote mehrheitlich selber finanzieren. Besonders Angestellte des öffentlichen Dienstes im sozialen Bereich (Sozialarbeit, Pflege, Spital usw.) sowie bei Kleinbetrieben (Arztpraxen usw.) verfügen nicht über die entsprechenden Weiterbildungsbudgets. Völlig auf sich selber gestellt sind die Selbstständigerwerbenden (frei schaffende Journalistinnen, Dolmetscherinnen, Physiotherapeutinnen usw.).

Die Frauen haben ihren Ausbildungsstandard in den letzten Jahren enorm verbessert. Ihre Chancen dürften damit in den kommenden Jahren auch auf dem Arbeitsmarkt steigen, vor allem wenn es gelingt, die Rahmenbedingungen für die Vereinbarkeit von Beruf und Familie zu verbessern. Und das hängt wiederum in erster Linie davon ab, ob das Angebot an Krippen und Tagesschulen rasch ausgebaut wird.

Welchen Beitrag die öffentliche Schule zum Bildungserfolg der Frauen beigetragen hat und vor allem, ob diese Entwicklung zum Preis einer Benachteiligung der Knaben stattgefunden hat, kann aufgrund der vorliegenden Studien nicht nachgewiesen werden. Ebenso unsicher ist, ob die Tatsache, dass die Lehrkräfte vorwiegend weiblich und soziologisch betrachtet homogen sind, einen direkten Einfluss auf die Schulchancen von Knaben und Mädchen hat. Eine bezüglich Herkunft und Geschlecht breiter zusammengesetzte Lehrerschaft scheint jedoch unabhängig davon erstrebenswert.

Benachteiligungen kompensieren oder auch Talente fördern?

Dareios I. regierte als Grosskönig das Persische Reich zwischen 522 und 486 v. Chr. Er gilt als einer der bedeutendsten Staatsmänner der

Antike (Wikipedia 2008). Über seinem Grabstein ist folgende Inschrift zu lesen: «Nicht ist mein Gefallen, dass der Niedere des Hohen wegen Unrecht leide; noch ist das mein Gefallen, dass der Hohe des Niederen wegen Unrecht leide» (Martin/Zwölfer 2007). Damit spricht sich Dareios für einen Gerechtigkeitsbegriff aus, der sich zwar noch stark an der sozialen Schicht orientiert, aber bereits nahe am Begriff der Chancengleichheit ist, wie er weiter oben formuliert wurde. Bei der so verstandenen Chancengleichheit soll es nicht nur um die Angleichung der Benachteiligten an die Privilegierten gehen, sondern um die Förderung aller Menschen aufgrund ihrer Fähigkeiten und Potenziale. Wer also über besondere Begabungen verfügt, hat ebenso das Recht auf die Förderung und Entwicklung dieser Talente, wie jemand, der durch Förderung einen Rückstand aufholen muss.

«Elitär ist nur, in der Schule keine Bildung zu vermitteln», meint ein anonymer Autor (2002) in einem Zeitungsartikel. Elitär ist also nicht, Kindern und Jugendlichen mit besonderen Begabungen[2] eine besondere Förderung anzubieten, sondern sie zu verhindern. Begabung ist keine feste Grösse. Die Annahme, dass besonders begabte Kinder quasi als Kompensation soziale Defizite hätten, ist in jeder Hinsicht falsch. Zwar gibt es soziale Eigenschaften, die für besonders begabte Kinder typisch sind. Gemäss der Stiftung für hochbegabte Kinder (www.hochbegabt.ch) beschäftigen sich Kinder mit besonderer Begabung häufig mit Begriffen wie Gerechtigkeit, Gut/Böse, Recht/Unrecht. Sie verfügen über eine ausgeprägte Individualität und oft über ein unkonventionelles Verhalten. Viele haben ein starkes Moralbewusstsein und lehnen körperliche Gewalt grundsätzlich ab. Oft gelten sie als aufmüpfig, weil sie Meinungen von Autoritäten kritisch

2 In der Deutschschweiz hat sich für jene Kinder und Jugendliche, die über besondere Begabungen in kognitiven Schulfächern wie Mathematik oder Sprache verfügen, der Begriff «Hochbegabte» eingebürgert. Für Kinder mit besonderen Begabungen im musischen Bereich oder im Sport spricht man eher von «Ausnahmetalenten».

hinterfragen. Sie können sich gut in andere einfühlen und sind daher für politische und soziale Probleme aufgeschlossen.

Doch darf man bei solchen Typisierungen nie ausser Acht lassen, dass auch Kinder mit besonderer Begabung sehr verschieden sind und ihr individuelles Fähigkeitsprofil haben. Bei der Förderung von Kindern und Jugendlichen mit besonderer Begabung müssen dieselben Grundregeln wie bei der Förderung benachteiligter Kinder beachtet werden. Um den Kindern gerecht zu werden, braucht es eine individuelle Förderung bei gleichzeitig stabiler und überblickbarer sozialer Umgebung. Kinder sind nicht gern «anders» und werden nicht gerne «ausgesondert». Das Schulsystem muss deshalb in der Lage sein, einen stabilen Rahmen zu bieten und darin die individuelle Entwicklung aller Kinder zu fördern.

Chancengleichheit fördern statt Herkunftsunterschiede zementieren

Die Schweiz ist als Einwanderungsland mit einer sehr wissensbasierten Wirtschaft und einer starken Demokratie im besonderen Mass auf Chancengleichheit angewiesen. Sie kann dabei auf einer öffentlichen Schule aufbauen, die trotz allen Unkenrufen nach wie vor das konkurrenzlose Rückgrat unseres Bildungssystems ist. Nur gerade drei von hundert Kindern besuchen eine nicht-öffentliche Schule. Schaut man aber näher hin, sieht man, dass die Chancengleichheit bezüglich der individuellen Förderung schwächelt. Die Kriterien Geschlecht, sozioökonomische Herkunft und Migrantenstatus entscheiden massgeblich über den Schulerfolg. Damit wird das Ziel, alle Menschen nach ihren tatsächlichen Begabungen zu fördern, nicht erreicht.

Noch nie waren die Lebenschancen so eng mit den Bildungschancen verknüpft. Deshalb ist die Frage, wo und wann die Chancen verteilt werden, von grösster politischer und gesellschaftlicher Bedeutung. Unbestritten ist, dass es zwei zentrale Orte der Sozialisation gibt:

die Familie sowie die Schule. Entsprechend werden hier die Chancen verteilt. Die einen Kinder werden in Familien geboren, die über genügend Zeit, Geld und pädagogisches Wissen verfügen, um ihre Kinder auf ihrem Bildungsweg zu begleiten. Andere Familien sind kaum in der Lage, ihren Kindern die nötige Unterstützung zu geben. Dazwischen sind all jene Familie, die sich mehr schlecht als recht durch die Erziehungsaufgaben durchkämpfen und froh sind, wenn die Schule einen klaren, unterstützenden Rahmen bietet. Es ist unbestritten, dass das Glück oder Pech, in die eine oder andere Familie geboren zu werden, massgeblich über die Lebenschancen entscheidet.

Die Schule sollte hier Gegensteuer geben. In Wirklichkeit zementiert sie jedoch die Herkunftsunterschiede oder vergrössert sie sogar. Vier Einflussfaktoren sind hier zentral:

1. Der erste Punkt ist der Zeitpunkt. Die Schule kommt meist zu spät. Die wesentlichen Weichen werden in den ersten fünf Lebensjahren gestellt. Selbst sehr gute Schulen schaffen es kaum, quasi verlorene Jahre nachzuholen.
2. Der zweite Aspekt sind die Hausaufgaben. Je mehr die Schule den Bildungsauftrag in Form von Hausaufgaben an die Eltern delegiert, desto mehr fallen die Herkunftsunterschiede ins Gewicht.
3. Das dritte Element ist die Selektion, also die Leistungsmessung. Die Schweiz selektioniert früh und stark. Sie tut das zudem auf sehr dürftigen Leistungserhebungen.
4. Der vierte Faktor betrifft die Zusammensetzung der Klassen sowie die Unterrichtsqualität. Sind Schulen in sozial stark belasteten Quartieren überhaupt in der Lage, ihren Schülerinnen und Schülern annähernd dieselben Chancen zu eröffnen wie die Schulen an privilegierter Lage? Welchen Einfluss hat die Unterrichtsqualität auf den Schulerfolg und die Chancengleichheit?

Diesen vier Aspekten möchte ich in den nächsten Kapiteln nachgehen. Eines scheint mir bereits jetzt klar: Die Schule muss weniger normorientiert werden und stattdessen besser auf die Verschiedenheit der Kinder und Eltern antworten.

Frühförderung – Wenn Spielen und Lernen zusammenkommen

«Erwachsene sind übereingekommen, das Lernen und Forschen eines Kindes als ‹Spiel› zu bezeichnen.»

Jesper Juul, dänischer Familienberater

Die Betrachtungen zur Chancengleichheit in der Schweiz haben es deutlich gemacht: Das Schweizer Bildungssystem schneidet schlecht ab, wenn es darum geht, jedem Kind die gleichen Chancen auf eine gute Ausbildung zu bieten. Dies hängt wesentlich damit zusammen, dass bei uns Bildung mit Schule gleichgesetzt wird und Bildung darum erst mit dem Schuleintritt einsetzen soll.

Bildung gleich Schule – oder gar: Bildung gleich Unterricht. In der Schule gilt es ernst, vorher wird nur gespielt. Mit diesen Gleichungen werden Gegensätze konstruiert, einerseits zwischen Familie und Schule, andererseits zwischen Lernen und Spielen. Die Familie wird als idealer Ort für Kinder gewertet. In der Familie erhält das Kind den nötigen Schonraum, es kann «Kind sein». Geht es zur Schule, beginnt der Ernst des Lebens. Entspricht diese Vorstellung von Bildung tatsächlich den Kindern?

Das Kind bildet sich selbst vom ersten Tag an

Wollen Kinder geschont werden bis zum Schuleintritt und dann aber ausschliesslich für Leistung, Fleiss und Disziplin belohnt werden? Nein. Kinder lernen vom ersten Tag an. Wer ein kleines Kind beobachtet, stellt fest, dass es nur ein Ziel hat: die Welt zu begreifen. Greifen können, sich mitteilen können, sitzen können, gehen können, sprechen können, essen können, rennen können. Wer ein kleines Kind im Tram oder Bus beobachtet, sieht, wie es voller Interesse die Menschen mustert und beobachtet, wie die Türe sich automatisch öffnet, Menschen aussteigen und einsteigen, sich setzen, miteinander sprechen, Zeitung lesen, Musik hören. Das Kind eignet sich dadurch die Basis an, um eine Sprache zu sprechen, eine Fremdsprache zu lernen, um das physikalische Konzept der Geschwindigkeit zu begreifen, um ein Verständnis von Raum und Distanz zu entwickeln, um als soziales Wesen in der Gesellschaft zu funktionieren. Kinder lernen vom ersten Tag an. Sie tun dies aus eigenem Antrieb, und sie tun es im Alltag.

Kinder lernen von Geburt an

«Kinder sind aktive, kompetente Menschen, die von Geburt an spielerisch und aus eigenem Antrieb ihr soziales und materielles Umfeld erforschen und sich die Welt aneignen. Sie lernen in sozialen Zusammenhängen, indem sie ihre Mitmenschen beobachten, mit ihnen kommunizieren und kooperieren. Sie brauchen emotionale Sicherheit, Zuwendung und anregende Lern- und Erfahrungsmöglichkeiten.» (Auszug aus der Charta des Netzwerks Kinderbetreuung Schweiz, www.netzwerk-kinderbetreuung.ch)

Auch wenn nicht alle Kinder die gleichen genetischen Bedingungen haben, so bringen doch alle den ursprünglichen Antrieb zum Lernen mit. Ohne diesen wären die kleinen Menschen gar nicht überlebensfähig. Dieser Entdeckerdrang wird jedoch ständig gebremst. Einerseits weil der Alltag auf Erwachsene und nicht auf das Kind ausgerichtet ist. In den Räumen stehen zerbrechliche Vasen, die für das Erkunden von Formen und Mengen nicht geeignet sind. Die Regale im Supermarkt können nicht ausgeräumt werden. Das Kind kann nicht selber gehen, sondern sitzt im Kinderwagen, weil die Zeit zu knapp ist und die Strasse zu gefährlich. Die gefundene Schnecke kann nicht beobachtet werden, weil sie sich mitten auf dem Fussgängerstreifen befindet. Andererseits werden viele Kinder in ihrem Lerndrang gebremst, weil ihre Eltern ihnen nicht die vielfältigen Erfahrungen bieten können, die sie brauchen, um diese Welt zu begreifen. Es gibt auch in unserem Land Kinder, die noch nie von einem Berggipfel aus auf ein Nebelmeer und noch nie einen Wald von innen gesehen haben. Nicht alle Eltern haben die Kraft, die Zeit, das Geld – oder das Interesse daran, ihren Kindern die Welt auf diese Weise zu zeigen.

Die Vorteile der familienergänzenden Betreuung

Die gesellschaftspolitischen Auswirkungen einer modernen Familienpolitik auf das Leben und Verhalten der Erwachsenen sind gross (vgl. Fehr 2003). Der Ausbau an familienergänzenden Bereuungsangeboten wie Krippen und Tagesschulen sind ein wesentlicher Grund dafür, dass sich wieder mehr Paare für Kinder entscheiden. Die wieder ansteigenden Geburtenzahlen in der Schweiz scheinen dies zu bestätigen (vgl. NZZ am Sonntag 27.07.2008). Aus Sicht des Kindes ist die familienergänzende Betreuung aber viel mehr als eine Entlastung der Eltern. In Krippen, Spielgruppen und Tagesstrukturen wird ihnen Raum und Zeit geboten, damit sie ihre Interessen ausleben können. Die Infrastruktur ist für Kinder gemacht, Gefahrenquellen sind beseitigt, das Kind kann spielen und entdecken, ohne ständig zurückgebunden zu werden. Kinder machen Entdeckungen, sammeln Erfahrungen – unabhängig davon, wie ihre Familiensituation zu Hause aussieht. Die Kinder werden von Fachleuten betreut, die aufgrund ihrer Kenntnisse in Entwicklungspsychologie und Pädagogik ihnen weiterführende, auf ihre Interessen angepasste Anregungen geben können. Im Zusammenspiel mit den anderen Kindern lernen sie von den Älteren und übernehmen Verantwortung für die Jüngeren. Krippen, Spielgruppen und Kindertagesstätten sind entgegen der weitläufigen Meinung Bildungsinstitutionen. Sie sind es dann, wenn wir begreifen, dass Bildung mehr ist als Unterricht.

Ökonomischer Nutzen der Kinderbetreuung
Dass institutionelle Angebote im Vorschulbereich auch für die Wirtschaft Vorteile bringen, zeigt sich am Engagement der Arbeitgeber im Kanton Waadt. Der Kanton hat im Jahr 2007 zur Förderung der Kinderbetreuung die Stiftung «Fondation pour l'accueil de jour des enfants» ins Leben gerufen, die vom Kanton, den Gemeinden und den Arbeitgebern getragen und finanziert wird. Die Stiftung hat sich zum Ziel gesetzt, bis 2011 im Kanton 2500 neue Plätze zu schaffen. Die Arbeitgeber bezahlen 0.08 Prozent ihres Lohnvolumens, die Gemeinden 5 Franken pro Einwohner, der restliche Bedarf wird vom Kanton und der Lotterie Romande gedeckt, was ein momentanes Budget von 20 Millionen Franken ergibt. Die Stiftung entrichtet ihre Subventionen an regionale Netzwerke, zu denen sich die Betreuungsnetzwerke zusammengeschlossen haben (www.faje-vd.ch.)

Das Problem unseres verzerrten Bildungsbegriffs

Wenn die «Neue Zürcher Zeitung» am 25. Juni 2008 schreibt, dass ein Ausbau und eine Förderung der Betreuung als erster Schritt gesehen werden könnten, «um bereits Kleinkinder dem Elternhaus zu entziehen», so spielt sie gegeneinander aus, was zusammengehört: die Familie und die institutionelle, familienergänzende Betreuung. Das Kind erlebt die Kita und die Familie nicht als gegensätzliche Welten. Im Gegenteil: Kein Kind wird so nachhaltig unterstützt und erlebt so viel wie dasjenige, das sich daheim und in der Kita zu Hause fühlt.

Die Auffassung, dass wir den Kindern etwas Schlechtes antun, wenn wir sie von zu Hause wegnehmen, finden wir aber nicht nur in den Redaktionsstuben der NZZ. Diese Haltung ist die logische Konsequenz aus unserem verzerrten Bild von Bildung. Was wünschen wir einem Kind, das seinen ersten Schultag hat? «Viel Erfolg!», «Alles Gute!», aber wohl kaum «Viel Spass!». Wir geben dem Kind klar zu verstehen, dass die Schonzeit jetzt vorbei ist, und die Weichen für sein Leben gestellt werden.

Wenn Bildung Schule ist und Schule mit solch negativen Bildern assoziiert wird, erstaunt es nicht, dass Bildung im Kleinkindalter in der Schweiz noch kaum ein Thema ist. Wer sollte denn schon den Kleinsten das Übel Schule zumuten?!

Irgendetwas ist falsch, wenn wir die Schule als so wichtig ansehen und trotzdem die Kinder so rasch wie möglich wieder zu Hause haben wollen und uns gegen Ganztagesangebote wehren. Irgendetwas ist nicht richtig, wenn Kinder vom einen Monat auf den anderen nicht mehr ausschliesslich spielen sollen, sondern ausschliesslich lernen. Irgendetwas ist komisch, wenn alle mehrfachen Mütter sagen, ihre Kinder seien so unterschiedlich, und wir trotzdem in der Schule von allen Kindern eines Jahrgangs dieselbe Leistung erwarten.

Was ist frühkindliche Bildung?

Ein neues Verständnis von Bildung wird nur dann möglich, wenn wir uns von der Vorstellung «Bildung gleich Unterricht» lösen. Das wird insbesondere in der frühkindlichen Bildung deutlich: Das Bild von Kleinkindern, die still dasitzen und etwas «lernen», ist derart absurd, dass es vielleicht gerade am Beispiel der kleinsten Kinder gelingen könnte, ein neues Verständnis von Bildung zu entwickeln. Bei der Forderung nach frühkindlicher Bildung geht es nicht darum, Frühenglisch und Frühchinesisch ab 3 Monaten zum Standard zu erheben, sondern darum, den Kindern Zeit und Raum zu bieten, damit sie ihre Entdeckungslust ausleben können. Dr. Heidi Simoni, die Leiterin des in Kinderfragen renommierten Zürcher Marie-Meierhofer-Instituts (www.mmizuerich.ch), und ihre Mitarbeiterin Corina Wustmann formulieren dies treffend, wenn sie sagen: «In den ersten Lebensjahren entfaltet sich ein enormes Potenzial; es werden Grundsteine für spätere Bildungschancen gelegt. Deswegen Babys zu trainieren oder Kleinkinder einzuschulen, wäre aber falsch. Frühe Förderung heisst, Kinder in ihrem natürlichen Lernprozess zu unterstützen» (NZZ 17.03.2008).

Es geht nicht darum, Kindern etwas beizubringen, das wir Erwachsene als wichtig erachten, wie dies Remo Largo bildlich umschrieben hat: «Kinder sind keine Gefässe, die man füllen kann» (NZZ 17.03.2008). Es geht vielmehr darum, dass jedes Kind die Gelegenheit bekommt, etwas selbst zu entdecken und seine Sinne und Fähigkeiten zu erfahren. Margrit Stamm, Professorin an der Universität Freiburg, beschreibt dies so: «Kleine Kinder sind aktive und stolze Lerner. Deshalb müssen sie die Möglichkeit für selbst gerichtete Aktivitäten durch das Spiel und andere explorative Abenteuer haben, welche alle Sinnesorgane berücksichtigen» (NZZ 14.01.2008).

Die ersten fünf Lebensjahre sind für den Lern- und Berufserfolg eines Menschen sehr wichtig. Natürlich wird nicht alles in diesen Jahren entschieden. Aber wesentliche Weichen werden gestellt. Wenn wir uns und unseren Kindern vormachen, alles fange erst mir der ersten Klasse an und Krippen gar noch als schädigend verteufeln, verbauen wir uns die Möglichkeit, möglichst vielen Kindern eine faire Chance im Schul- und Berufsalltag zu geben. Dann werden weiterhin die Kinder von Akademikern an den Unis studieren und die Kinder mit weniger Büchern zu Hause vergeblich eine Lehrstelle suchen – egal, welches Potenzial die Kinder selber mitgebracht haben.

Das Beispiel Schweden

Greifbar wird dieses andere Bildungsverständnis, wenn wir einen Blick in den Norden werfen. Schweden ist das führende Land in Sachen Kinderbetreuung. 90.8 Prozent der zweijährigen und 97.6 Prozent der vier- und fünfjährigen Kinder besuchen in Schweden eine institutionelle Kinderbetreuung, quasi 100 Prozent besuchen schulergänzende Betreuungsangebote – und dies seit mehreren Jahrzehnten (www.skolverket.se, www.sweden.se).

Zu Beginn der 1990er Jahre wurde die Zuständigkeit für den Vorschulbereich vom Sozial- ins Bildungsministerium überführt. Schweden hat somit als eines der ersten Länder erkannt, dass es sich bei der Kleinkinderbetreuung um eine Bildungsinstitution handelt. Und was Bildung auf dieser Stufe bedeutet, wird klar, wenn man den Bildungsplan für die Kinderkrippen anschaut.

Ein Bildungsplan für die kleinen Kinder tönt für Schweizer Ohren noch fremd. In Neuseeland, Norwegen, Finnland, Schweden, England, Frankreich und Deutschland ist er in den letzten zehn Jahren eingeführt worden. Diese Länder haben nie ein derart enges Bildungsverständnis gehabt wie wir – oder sie haben es aufgebrochen. Der Bildungsplan für die Vorschule definiert nämlich nicht Lerninhalte, die den Kindern vermittelt werden müssen, sondern er beschreibt die Erfahrungen, die ein Kind im Rahmen der Betreuung machen sollte. Es geht darum, die Neugier des Kindes in möglichst allen Bereichen – Naturwissenschaften, Musik, Sprache, Soziales, Gestaltung, Motorik – zu unterstützen. Das Kind soll den Reichtum der ganzen Welt erfahren dürfen.

Dass die Kinderbetreuung in Schweden anders verstanden und konzipiert wird, zeigt sich besonders schön an der Definition der Vorschule auf der Website des Bildungsministeriums (www.skolverket.se): «Die Vorschule ist eine pädagogische Gruppenaktivität für Kinder. (…) Die Aufgabe der Vorschule ist es, eine Plattform für lebenslanges Lernen zu bieten. Sie soll Familien in ihrer Verantwortung für die Erziehung und die Entwicklung der Kinder unterstützen. Zudem soll sie so organisiert werden, dass Eltern die Möglichkeit haben, zu arbeiten oder zu studieren.»

Erst nach der Erwähnung des pädagogischen Gehaltes und der Wichtigkeit für das lebenslange Lernen sowie der Unterstützung der Eltern in der Erziehung wird die Vereinbarkeit von Familie und Beruf genannt. Kinderbetreuung in Schweden ist auf das Kind ausgerichtet und darum für die Bevölkerung ein ganz selbstverständlicher Teil des

Bildungssystems, an dem fast alle Kinder teilnehmen – und in das die Eltern ein grosses Vertrauen haben.

Was bringt frühkindliche Bildung?

Ein ausgebautes und von praktisch allen Kindern besuchtes Vorschulangebot ist gut für die Kinder und ein wichtiges Element eines Bildungssystems, das allen Kindern eine Chance geben will, ihr Potenzial voll auszuschöpfen. Dass dies nicht einfach Wunschdenken ist, zeigen diverse wissenschaftliche Untersuchungen.

Kinder brauchen Kinder

«Kinder produzieren eine eigenständige Kinderkultur mit ihr eigenen Verfahren, Aushandlungsprozessen und Regeln» – so beschreibt die deutsche Kleinkindpädagogin Susanne Viernickel (2004) das, was den Kind-Kind-Kontakt ausmacht: Kinder unter sich verhalten sich anders als Kinder mit Erwachsenen. Kind-Erwachsenen-Beziehungen haben immer ein Ungleichgewicht: Der Erwachsene weiss mehr, kann mehr, hat die grössere Macht. Zudem sind die Interessen sehr unterschiedlich und die tägliche Erfahrenswelt eine ganz andere. Dass nicht nur Schulkinder, sondern auch Kleinkinder von einem regelmässigen Zusammensein mit Gleichaltrigen profitieren, ist bei uns noch relativ unbekannt. In der Diskussion rund um die familienergänzende Betreuung wird von den Kritikern immer auf den negativen Effekt einer Trennung von der Hauptbezugsperson hingewiesen. Dass Kinder zu mehreren Bindungen fähig sind und darum ob dieser Trennung nicht leiden müssen, zeigen die Experten des Marie Meierhofer-Institutes (MMI 1998). Die Diskussion, ob sich der regelmässige Kontakt in der Krippe mit Gleichaltrigen nicht sogar positiv auswirken könnte, wird mit dem Argument im Keim erstickt, dass Kinder sowieso frühestens mit drei Jahren richtig mit anderen Kindern spielen können. Stimmt das? Untersuchungen, bei denen zweijährige Kinder in Krippen gefilmt und die Interaktionen analysiert wurden, zeigen jedoch, wie wertvoll Kind-Kind-Bezieungen bereits in der frühkindlichen Phase sind. Die Analyse brachte hervor, dass solche Situationen dem Kind erlauben, sich gemeinsam mit einem «Gleichgestellten» auszutauschen, und es so Erlebnisse macht, die mit einem Erwachsenen kaum möglich sind: «Quatsch machen, Raufen/Balgen, Imitation als Spiel (...) und auch Besitzkonflikte sind Situationen, die symmetrische und gleichrangige Handlungsbeiträge erfordern (...). In Interaktionen zwischen Erwachsenen und Kindern geht es dagegen oft um eher pflegerische Handlungen, wie Nase putzen oder Schuhe anziehen, oder der Erwachsene gibt Anweisungen, die das Kind dann ausführt (oder auch nicht)» (Viernickel 2004). Eine Schweizer Untersuchung zeigt, dass Kinder unter zwei Jahren während des Spiels direkt oder indirekt mit den anderen Kindern oder der Gruppe interagieren und nur in rund einem Drittel der beobachteten Spielzeit für sich alleine handeln (Simoni 2004). Auch Kinder unter drei Jahren richten also ihre Aktivitäten auf die anderen Kinder aus und suchen den Kontakt, sofern ihnen dies ermöglicht wird.

Die heutige Lebenssituation führt dazu, dass ein wesentlicher Teil der Kinder ohne oder mit nur einem Geschwister aufwächst. Zudem wohnen Familien heute häufig so, dass eine natürliche, vom Kind ausgehende, spontane Kontaktaufnahme mit andern Kindern nicht mehr möglich ist. Obige Ausführungen zeigen aber, wie wichtig Kind-Kind-Kontakte sind, gerade für die Entwicklung der sozialen Kompetenzen. Institutionalisierte Betreuungsangebote bieten den Kindern die Möglichkeit, solche Erfahrungen zu machen.

Wenn nicht mehr nur das Büchergestell der Eltern zählt ...

Der Einfluss der frühkindlichen Betreuung auf den Bildungserfolg ist von diversen Studien untersucht worden. So vergleicht Wössmann (2007) diverse Länder aufgrund ihrer Anteile von Kindern, die eine vorschulische Einrichtung besuchen, und stellt fest, dass «ein voller

Viertel des gesamten familiären Einflusses im Durchschnitt der OECD-Länder» zum Verschwinden gebracht werden könnte, wenn in allen Ländern alle Kinder eine Vorschule besuchen würden. Je länger diese Vorschule dauert, umso besser für die Kinder: «Der Einfluss des familiären Hintergrundes sinkt mit zunehmender offizieller Dauer des Vorschulprogramms deutlich.»

Die deutsche Bertelsmann-Stiftung zeigt den konkreten Einfluss auf den Bildungsweg der Kinder. «Wer als Kleinkind eine Krippe besucht hat, schafft den Sprung ins Gymnasium eher», resümiert der «Tages-Anzeiger» vom 7. März 2008 die Ergebnisse der Studie (Fritschi/Oesch 2008). Rund die Hälfte der Krippenkinder besuchte später das Gymnasium; von den Kindern, die keine Krippe besuchten, war es nur rund ein Drittel. Besonders deutlich steigt die Gymnasialquote bei jenen Kindern an, die aus bildungsfernen Haushalten stammten und eine Krippe besuchten. Aber auch bei Kindern, deren Eltern einen deutschen Gymnasialabschluss haben, finden bei den Krippenkindern mehr den Weg ins Gymnasium als bei jenen, die keine Krippe besuchten (70 zu 60 Prozent).

Das investierte Geld zahlt sich aus

Der Nobelpreisträger und Ökonom James Heckman (2008) berechnet – ganz in ökonomischer Manier – den Return of Investment von frühkindlicher Bildung und stellt fest: «Wir müssen das Geld in die Kinder investieren, und zwar in kleine Kinder, noch bevor sie in die Schule kommen.» Zentral sind für ihn Institutionen wie Spielgruppen und Krippen, aber auch die Elternarbeit durch Fachpersonen. Die Resultate seiner Studien sind eindeutig: Das investierte Geld erzielt bei benachteiligten Kindern die viel grössere Wirkung als beispielsweise Arbeitslosenprogramme bei Erwachsenen (Heckman/Masterov 2007).

Ebenfalls auf den Return of Investment geschaut haben die Autorinnen einer Stadtzürcher Studie (Stutz et al. 2006), die herausfinden wollten, welchen volkswirtschaftlichen Nutzen das in Kinderbetreuung investierte Steuergeld bringt. Sie kommen zum Schluss, dass der gesamte volkswirtschaftliche Nutzen pro investierten Steuerfranken 3 bis 4 Franken beträgt. Zudem fliessen für jeden investierten Franken 1.6 Franken an Steuerannahmen an die öffentliche Hand zurück. Also nicht nur langfristig, sondern auch kurzfristig lohnt sich die Investition in die frühkindliche Bildung!

Schweiz: Nur wenige Kinder besuchen eine Kinderkrippe

Verschiedene Untersuchungen belegen also eindeutig, dass institutionelle Angebote im Vorschulbereich eine grosse Bedeutung haben für eine erfolgreiche Bildungspolitik. Wo steht die Schweiz in dieser Hinsicht? Hat sie diese Zeichen erkannt?

Möchte man wissen, wie viele Kühe auf unseren Schweizer Weiden grasen, so lässt sich das problemlos herausfinden (2007 waren es etwas mehr als 1.5 Millionen). Niemand weiss jedoch, wie viele Kinder schweizweit ein institutionelles Betreuungsangebot besuchen. Aufgrund der Arbeitskräfteerhebung können nur Aussagen dazu gemacht werden, wie viele Haushalte mit Kindern welche Angebote nutzen. Dabei zeigt sich, dass schweizweit bei etwa der Hälfte der Paarhaushalte mit Kindern unter sieben Jahren die Kinder nicht ausschliesslich von den Eltern betreut werden. Bei den Einelternhaushalten ist der Anteil mit 72 Prozent deutlich höher. Dabei lassen jedoch rund die Hälfte der Haushalte ihre Kinder während maximal eines Tages betreuen, und die weitaus grösste Rolle in der nicht-elterlichen Betreuung sowohl bei Paarhaushalten als auch bei Einzelhaushalten spielen die Verwandten, die rund 50 Prozent der Betreuungsarbeit übernehmen. Die Betreuung der Enkelkinder durch die Grosseltern umfasst mehr Stunden als die Summe aller Unterrichtslektionen auf Primarschulstufe (Bauer und Strub, 2002). Nur rund ein Drittel der nicht-elterlichen Betreuung bei Paarhaushalten und rund ein Fünftel bei Einelternhaushalten fallen auf eine institutionelle Betreuung wie Kindertagesstätten[3] (BFS 2008h).

Somit nehmen 16 Prozent aller Paarhaushalte und gut 15 Prozent aller Einzelhaushalte mit Kindern unter 7 Jahren eine institutionelle Kinderbetreuung in Anspruch. Ein Sechstel aller Haushalte schickt die Kinder in Institutionen, die frühkindliche Bildung umsetzen könnten. Ein Blick auf regionale Zahlen zeigt, dass in den Städten zwar mehr Kinder Krippen besuchen, im internationalen Vergleich die Besuchsquote aber immer noch tief ist. In der Stadt Zürich, die als grösste Schweizer Stadt eine im Vergleich zum schweizweiten Durchschnitt hohe Betreuungsquote hat, besucht jedes dritte Kind unter fünf Jahren eine Betreuungseinrichtung (Stadt Zürich 2008).

Die Gründe für die geringe Verbreitung

Betrachten wir die Angebotsseite, wird ein Grund für diese tiefe Besuchsrate klar: Im Kanton Zürich etwa besteht für rund 10 Prozent der Vorschulkinder ein Betreuungsangebot (Statistisches Amt des Kantons Zürich 2007). Mit dem Impulsprogramm des Bundes, das durch meine parlamentarische Initiative «Anstossfinanzierung für familienergänzende Betreuungsplätze» lanciert wurde, konnte das Betreuungsangebot ausgebaut werden. Obwohl für die Neugründung einer Krippe hohe Auflagen gelten, die mit viel personellem, administrativem und baulichem Aufwand verbunden sind, wurden innerhalb von fünf Jahren 18 000 neue Kinderbetreuungsplätze geschaffen (BSV 2008). Eine Weiterführung des auf acht Jahre beschränkten Programms wird eine der grossen familienpolitischen Herausforderungen der kommenden Jahre sein.

Ein weiterer Grund für die noch immer relativ geringe Inanspruchnahme von institutionalisierten familienergänzenden Betreu-

3 Die Begriffe «Krippe», «Kindertagesstätte» und «Kita» werden gleichwertig verwendet für Angebote zur Ganztagesbetreuung für Kinder zwischen 0 und 5 Jahren.

ungsangeboten in der Schweiz sind die vergleichsweise hohen Kosten für Mittelstandsfamilien, die ihre Kinder in Krippen betreuen lassen wollen. Die einkommensabhängigen Tarife in den Krippen bewirken, dass mittelständische Familien häufig verhältnismässig viel für die Krippenbetreuung bezahlen müssen. Die Evaluation der Einrichtungen, die Bundesgelder erhalten haben, zeigt, dass nur 54 Prozent der Kinder einen reduzierten Tarif erhalten. Bei allen anderen Kindern zahlen die Eltern die Vollkosten für die Betreuung ihrer Kinder (BSV 2008). Das zusätzliche Einkommen, meist der Mutter, wird so durch die hohen Tarife und zusätzlichen Steuern gleich wieder verbraucht, insbesondere bei Familien mit mehreren Kindern (Bütler 2007). Schweden hat auch hier einen interessanten Weg gefunden: Vor wenigen Jahren wurde die sogenannte «Maxtax» eingeführt, wonach für alle Eltern die Kinderbetreuung nur maximal drei Prozent des Einkommens ausmachen darf. Begründet wird diese Massnahme damit, dass die Eltern mit mittleren und hohen Einkommen die Betreuungsangebote bereits durch ihre zusätzlichen Steuerzahlungen und Sozialabgaben finanzieren (Schwedisches Institut 2007). Mit dem Vorschlag der Betreuungsgutschriften (SP Schweiz 2007), die zwei Drittel der Betreuungskosten abdecken sollen, könnte dieses Modell auch in der Schweiz eingeführt werden. Während heute mehrheitlich Kinder aus der Oberschicht sowie aus sozioökonomisch schwierigen Verhältnissen Krippen besuchen, würde so auch den Kindern der Mittelschicht ein Kita-Besuch ermöglicht. Der Bundesrat hat diese Möglichkeit erkannt und am 1. Oktober 2007 die massgebende Verordnung entsprechend angepasst. Ein erster Pilotversuch ist in der Stadt Luzern beschlossen.

Krippenkinder im Vormarsch

Trotz dieser Hürden und der noch tiefen Zahlen scheint das institutionelle Angebot an familienergänzender Betreuung in der Schweiz durch den Durchbruch geschafft zu haben. Durch die stärkere Einbindung der Mütter in den Arbeitsmarkt, durch die Bundeshilfen für neue Betreuungsplätze und die sich verbreitende Erkenntnis, dass Kinderkrippen für Kinder eine wertvolle Betreuungs- und eben auch Bildungsinstitution sein können, hat die Anzahl Krippen und Betreuungsplätze stark zugenommen. So schätzt das Bundesamt für Statistik (2008i) für 2005 schweizweit 2.58 Kinderkrippen und -horte auf 1000 Kinder unter 7 Jahren, während es 1998 noch 1.64 waren. Aufgrund der neuen Betreuungsplätze durch das Impulsprogramm kann für die Zeit nach 2005 von einer weiteren markanten Erhöhung ausgegangen werden. Die Vergabe der Gelder verlaufe «in jüngster Zeit besser» (NZZ 12.02.2008). Die Nachfrage nach den bereitgestellten Geldern, die anfänglich deutlich unter den Erwartungen lag, scheint nun anzusteigen. In einem föderalen Staat wie der Schweiz braucht es erfahrungsgemäss eine Weile, bis die Entwicklungen auf allen Ebenen in Gang kommen.

Potenzial der frühkindlichen Bildung in den Städten erkannt

Welche Chance man sich entgehen lässt, wenn man die Bedeutung der ersten Lebensjahre für den späteren Schul- und Lebenserfolg nicht erkennen will, haben die grossen Schweizer Städte gemerkt. Bern (Primano, www.primano.ch), Zürich (SpielgruppenPlus, Bildungsdirektion Kanton Zürich 2008b), Basel (sprachliche Frühförderung) lancieren Programme, die auf sozial benachteiligte Kinder fokussieren und mit Hausbesuchen, Spielgruppen und Elternförderung operieren. Die Angebote der öffentlichen Hand sind als Unterstützung für die Eltern und als Ergänzung zu ihren Möglichkeiten gestaltet. Zum Beispiel in Bern: In Zusammenarbeit mit Väter- und Mütterberatungen, Kinderärzten, bestehenden Spielgruppen und Kitas suchen speziell ausgebildete Fachpersonen den Kontakt zu den Familien. In Form von Hausbesuchen wird mit den Kindern gespielt und im Gespräch mit den Eltern gezeigt, wie man im Alltag die natürliche Neugier des Kindes stillen kann, wie wichtig Bewegung für das Kind ist und was altersgerechte Aktivitäten mit dem Kind sein könnten. In Zürich wird diese Arbeit im Rahmen von Spielgruppen geleistet. Die Kinder besuchen die «SpielgruppenPlus» zweimal pro Woche, wo sie von einer speziell geschulten und fachlich begleiteten Spielgruppenleiterin und einer Assistentin betreut werden. Basel plant ein Obligatorium für die Spielgruppe bei Kindern, deren Deutschkenntnisse so schlecht sind, dass der Start im Kindergarten nur schwierig bewältigt werden kann (BAZ 26.02.2008).

Wie es in der Schweiz üblich ist, wählen die Städte sehr unterschiedliche Modelle, um das Potenzial der frühen Jahre zu nutzen. Diese Bemühungen können ihre Wirkung aber erst dann voll entfalten, wenn erkannt wird, welches Potenzial die frühkindliche Bildung bei allen Kindern hat und nicht nur bei Migrantenkindern oder solchen aus schwierigen Familienverhältnissen. Genauso wie jedes Kind von der Primarschule profitiert – egal, welchen Bildungsstand seine Eltern haben –, genauso lernt und erfährt jedes Kind in der Kita oder Spielgruppe Dinge, die es zu Hause nicht erleben kann. Dass es dabei besondere Brücken für jene Kinder braucht, deren Chancengleichheit in Gefahr ist, ist unbestritten. Dabei dürfen aber folgende Punkte nicht vergessen gehen: Die Eltern sind in allen Fällen die wichtigsten Bezugspersonen der Kinder. Sie muss man stärken, unterstützen, motivieren und mit einbeziehen, damit sie wiederum ihr Kind besser stärken und unterstützen können. Frühkindliche Bildung darf nicht auf die Schwächsten und die Stärksten beschränkt bleiben. Es macht keinen Sinn, dass nur Kinder von Migrationsfamilien und doppelverdienenden Eltern die Erfahrungen von Förderprogrammen, Krippen und Spielgruppen machen können. Das Ziel muss ein qualitativ gutes Angebot sein, das allen offen steht und dabei durch Unterstützung von Fachkräften den individuellen Bedürfnissen der Kinder gerecht wird.

«Spielen und Lernen passen zusammen»

«Spielen und Lernen im gleichen Schulraum passen zusammen», titelt die NZZ vom 20. Juni 2008 die Zwischenbilanz zu den laufenden Grund- und Basisstufen-Versuchen. In Pilotprojekten werden in verschiedenen Deutschschweizer Kantonen die zwei Kindergartenjahre und das erste Schuljahr (Grundstufe) bzw. die ersten zwei Schuljahre (Basisstufe) zu einer dreijährigen oder vierjährigen Eingangsstufe zusammengefasst. Dies ermöglicht einen fliessenden Übergang vom Spielen zum Lernen und ein auf das Kind abgestimmtes Tempo. Entsprechend individuell ist die Durchlaufzeit der einzelnen Kinder. Einige werden die Eingansstufe in zwei bzw. drei Jahren durchlaufen, andere werden vier bzw. fünf Jahre dafür benötigen. Dies ist möglich, ohne dass die Kinder aus ihrem Umfeld gerissen werden. Der Übergang in die Schule geschieht damit nicht mehr aufgrund eines Jahrgangs, sondern aufgrund des Entwicklungsstandes. In den Klassen befinden sich Kinder unterschiedlichen Alters, was ermöglicht, dass «die Älteren den Jüngeren helfen und die Schwächeren von den Stärkeren als Rollenvorbilder lernen». Die Lehrpersonen unterrichten im Team, pro Klasse stehen 150 Stellenprozente zur Verfügung. Mit diesem Modell wird es möglich, die Reduktion der Bildung auf Unterricht zu durchbrechen. Im selben Schulraum wird nach klassischem Verständnis «gespielt» und «gelernt», die Grenzen sind fliessend und bieten für «Verspieltheit und Wissensdurst der Kinder optimale Rahmenbedingungen» (Kanton Aargau 2007).

Basisstufe: Flexibler Übergang vom Spielen zum systematischen Lernen

«Für die Grund- bzw. Basisstufe ist eine flexible Verweildauer zwischen 2 und 4 Jahren bzw. zwischen 3 und 5 Jahren vorgesehen. Die 4- bis 8-jährigen Kinder spielen und lernen in altersgemischten Gruppen. Für das einzelne Kind wird bewusst ein flexibler, seinem

Lerntempo angemessener Übergang vom Spielen zum systematischen Lernen ermöglicht.» (Beschreibung der Eingangsstufe, Institut für Bildungsevaluation [2008], Universität Zürich)

Kinder machen dann Entwicklungsschritte, wenn sie dazu Interesse zeigen, wenn sie – angeregt durch ihr Umfeld – bereit sind zu systematischem Lernen. Ein Kind kann vom ersten Tag an Rechnen und Schreiben lernen, wenn es das will. Es wird aber nicht auf Grund seines Geburtsdatums an einem bestimmten Tag dazu verpflichtet. Das verhindert die künstliche Gleichschaltung am Stichtag «erster Schultag». Die Unzulänglichkeit der Einschulung auf Grund des Jahrgangs zeigt sich bei genauerem Betrachten der eingeschulten Kinder nachdrücklich: «Während Teile der Schulneulinge über einen differenzierten Wortschatz verfügen, schon Sätze lesen und bis 100 rechnen, kennen andere Kinder weder Buchstaben noch Zahlen und beginnen ihre Schullaufbahn mit einem sehr begrenzten (deutschen) Wortschatz», fasst die Bildungsdirektion des Kantons Zürich (2005a) die Resultate einer Lernstandserhebung zu Beginn der ersten Klasse zusammen.[4]

Die ersten Evaluationen (Moser et al. 2008, Vogt et al. 2008) zeigen, dass diese Umsetzung des neuen Bildungsverständnisses bringt, was man sich erhofft, und Ängste fehl am Platz sind. Weder haben die Kinder zu wenig Zeit zum Spielen, noch wird das systematische Lernen durch das Spielen gestört oder gar verhindert. 90 Prozent der teilnehmenden Lehrerinnen und Lehrer möchten nicht mehr zum alten System wechseln, Eltern empfinden keinen höheren Leistungsdruck auf ihre Kinder, es können alle Kinder integriert werden, und es braucht keine Sonderklassen mehr.

Nicht alles kann jedoch mit dieser Eingangsstufe gelöst werden: Den Vorsprung, den die Schülerinnen gegenüber ihren Kollegen aus

4 Genauere Informationen zur zugrunde liegenden Studie finden sich in Moser et al. 2005.

dem traditionellen Kindergarten-Primarschule-Modell in den ersten Jahren haben, verschwindet bis zum Ende der ersten Klasse «weitgehend, wenn auch nicht vollständig» (Moser et al. 2008). Zudem kann die Eingangsstufe den Einfluss des Elternhauses bzw. der sozioökonomischen Herkunft nur leicht minimieren. Diese Resultate zeigen weniger die Mängel der Eingangsstufe als vielmehr den Handlungsbedarf im Vorschulbereich und in den späteren Primarschuljahren. Es wäre spannend zu sehen, was bei einer Kombination der frühkindlichen Bildung mit einer individualisierten, auf das Kind und seine Entwicklung ausgerichteten Primarschule à la Eingangsstufe resultieren würde.

Der «Grosse Kanton» macht es vor

Bei unserem nördlichen Nachbarn Deutschland wird die Diskussion um den pädagogischen Wert der familienergänzenden Betreuung und insbesondere der Vorschule heftig geführt. Bereits 2004 gaben die «Wirtschaftsweisen» die Empfehlung zum «Ausbau eines kostenlosen, aber auch verpflichtenden Förder- und Betreuungsangebots (…) im Vorschulbereich» (Sachverständigenrat-Wirtschaft) und unter der aktuellen Familienministerin Ursula von der Leyen kam das Thema politisch ganz oben auf die Agenda. Durch Initiativen wie «McKinsey bildet» (www.mckinsey-bildet.de[5]) oder den Kindergipfel und das klare Positionspapier des Arbeitgeberverbandes (www.bda-online.de) haben sich auch Initianten aus der Privatwirtschaft dem Thema angenommen und eine breite Diskussion mitlanciert.

Die allermeisten deutschen Bundesländer verfügen heute über einen Lehr- oder Bildungsplan für die frühkindliche Altersstufe, dessen Angebote als Bildung definiert sind. Verwiesen sei hier auf das Berliner Bildungsprogramm, das in seinen Ausführungen zu dem

5 Filmische Dokumente zu diversen Tagungen sowie anregende Beispiele aus Schul- und Kita-Alltag finden sich unter www.archiv-der-zukunft.de.

zugrunde liegenden Bildungsverständnis festhält, dass «die Wirklichkeit von Kindern (...) sich verändert. Dies wird oft beklagt und als Gefährdung von Kindheit gesehen. Es kann jedoch auch als Chance begriffen werden» (Senatsverwaltung für Bildung, Jugend und Sport 2004).

Der Blick nach Schweden und Deutschland zeigt, dass das Potenzial der frühkindlichen Bildung in Europa erkannt wird. In Frankreich besuchen sehr viele Kinder frühkindliche Angebote. Das zeigt sich am Bildungserfolg der französischen Kinder im PISA-Test (Wössmann 2007).

Eine Schulreform für das ganze Bildungssystem

Wenn wir den Kindern gerecht werden wollen und zum Ziel haben, jedem einzelnen Kind eine faire Chance auf eine gute Ausbildung zu bieten, dann müssen wir uns lösen von unserem Erwachsenen-Wunschdenken. Weil wir uns selber nach weniger Leistungsdruck und Stress sehnen, verbieten wir den Kindern bis 7 Jahren das Lernen und verklären die frühe Kindheit als Schonzeit, die möglichst ohne äussere Einflüsse und ganz nah bei der Mutter verbracht werden soll. Weil wir uns wünschen, dass wir besser mit dem Konkurrenzdruck von Kollegen und der Beurteilung von Vorgesetzten umgehen können, fordern wir eine Schule, die unsere Kinder daran gewöhnt, in harter Konkurrenz zu bestehen. Wir verkennen dabei, dass ein Kind vor allem zwei Dinge braucht, um zu einem erfüllten Leben zu gelangen: die Wahrung des natürlichen Willens, die Welt zu begreifen, und das Vertrauen in sich selbst und seine Fähigkeiten.

Die Anzeichen sind gut: Der Ausbau der Krippen, die sprachliche Frühförderung in den Städten, die Grund- und Basisstufe sind Schritte in die richtige Richtung. Endlich geht es vorwärts. Machen wir weiter!

Machen wir aber nicht nur beim Ausbau der frühkindlichen Angebote weiter, sondern auch bei der Entwicklung der höheren Schulstufen (Mittelstufe und Sekundarschule). Wenn diese den Ball aus den unteren Stufen nicht aufnehmen, verpuffen die Effekte wirkungslos. Der Bildungsexperte des Schweizerischen Lehrerverbandes (LCH), Anton Strittmatter, meinte mir gegenüber in einem Gespräch: «Es gibt aus schulgeschichtlicher Sicht kein erfolgreiches Beispiel einer ‹Reform von unten›. Das Immunsystem der oberen Stufen reagiert auf ‹Fremdkörper› und macht sie unschädlich. Alle Evaluationen zeigen, dass positive Effekte von Innovationen an unteren Schulstufen sich so sehr rasch wieder verlieren.» Auch darum ist es wichtig, dass die künftigen Bildungs- und Lehrpläne für alle Stufen aufeinander abgestimmt und ineinander verzahnt sind. Wir brauchen eine gemeinsame Sprache und pädagogische Haltung für das gesamte Bildungssystem.

Ausländerkinder – Wenn einfache Rezepte in die Irre führen

> *«Man kann in ein Kind nichts hineinprügeln, jedoch vieles herausstreicheln!»*
>
> Astrid Lindgren, Schriftstellerin

Die Schweizer Bevölkerung und damit auch die Schulklassen werden immer heterogener, was die Herkunftsländer der Kinder betrifft. 1980 betrug der Anteil sehr heterogener Klassen noch 20 Prozent, 2006 machten solche Klassen schon fast 40 Prozent aus (BFS 2008j)[6]. Am stärksten ist die kulturelle Vielfalt in der obligatorischen Schule der Stadtkantone Genf (76 Prozent) und Baselstadt (66 Prozent), am niedrigsten in den kleinen Landkantonen Uri (8 Prozent) und Appenzell Innerrhoden (4 Prozent) (BFS 2008k). Mit der zunehmenden Heterogenität in der Klasse steigt die Herausforderung insbesondere für die Lehrkräfte, allen Ansprüchen gerecht zu werden.

Nicht nur der kulturelle Hintergrund der Kinder wird vielfältiger, sondern auch der soziale. Der Unterschied zwischen den höchsten und den tiefsten Familieneinkommen, aber auch zwischen den am besten und den am schlechtesten ausgebildeten Eltern ist heute viel grösser als vor einer oder zwei Generationen. Die Kombination der beiden Faktoren «kultureller und sozialer Hintergrund der Eltern» entscheidet wesentlich darüber, wie die Eltern ihre Kinder in Schulfragen unterstützen (können).

Eine Studie im Auftrag der Bildungsdirektion des Kantons Zürich

---

6 Sehr heterogene Klassen haben mindestens 30 Prozent Schülerinnen und Schüler aus anderen Kulturen.

(2008c) geht der Frage nach, ob Lernunterschiede eher auf die kulturelle oder eher auf die soziale Herkunft zurückgeführt werden können. Die Antwort ist aufschlussreich: Die Studie kommt zum Schluss, dass der Lernfortschritt im Lesen von der ersten bis zur dritten Klasse grösser ist, wenn die Erstsprache des Kindes Deutsch ist (Einfluss des kulturellen Hintergrunds). Einen noch grösseren Einfluss auf den Lernfortschritt in Mathematik und Lesen hat jedoch die soziale Herkunft. Dieser Befund trifft sowohl auf das einzelne Kind zu als auch auf eine ganze Klasse, wenn diese beispielsweise einen überdurchschnittlich hohen Anteil an Kindern aus sozial benachteiligten Familien hat.

Die Studie weist zudem nach, dass selbstverständlich auch der Unterricht einen Einfluss auf den Lernerfolg hat. Unklar bleibt aber, welche Aspekte des Unterrichtens sich positiv auf den Lernerfolg auswirken.

Grosse Leistungsunterschiede

Die PISA-Studien von 2003 und 2006 kommen zu einem leicht anderen Schluss, indem sie feststellen, dass der kulturelle Hintergrund einen grösseren Einfluss hat als der soziale. Gemäss den PISA-Untersuchungen liegen – wie bereits ausgeführt – die Mathematikleistungen von Migrantenkindern der ersten Generation in der Schweiz deutlich unter den Leistungen der Einheimischen. Für die zweite Generation zeigt sich ein positiveres Bild, wobei der Leistungsrückstand in der Schweiz immer noch deutlich über dem OECD-Durchschnitt liegt (OECD 2007a). Zu den gleichen Ergebnissen kommen die Untersuchungen bei den Kompetenzen im Lesen und in den Naturwissenschaften (OECD 2006b, 2007b). Nach Ansicht der PISA-Forscherinnen und -Forscher können diese Defizite nicht allein mit der sozialen Herkunft der Kinder erklärt werden. Vielmehr lassen die vorliegenden Untersuchungen den Schluss zu, dass zumindest ein Teil des

Lernrückstandes nur mit der Migrationssituation zu erklären ist. Dieser Befund wirft die Frage auf, welche Aspekte der Migration es den Kindern erschweren, mit den Einheimischen mitzuhalten. Sind es allfällige diskriminierende Haltungen von Klassenkameraden oder Lehrkräften? Sind es die Lehrpläne oder die Lehrmittel? Sind es die zu wenig spezifischen Fördermassnahmen im Schulsystem oder die zu heterogenen Klassen? Ist es die fehlende Unterstützung durch die Eltern, oder ist es der Umzug in ein neues Land zu einem späten Zeitpunkt der schulischen Entwicklung? Diese Ursachen sind kaum wissenschaftlich zu erfassen. Ein Faktor ist jedoch gesichert: Die Sprachkenntnisse der Kinder, aber auch der Eltern haben einen entscheidenden Einfluss auf die schulischen Leistungen.

Deutsche Sprache – schwere Sprache

Als grundlegend für den Schulerfolg in allen Fächern werden die Deutschkenntnisse erachtet. Laut Moser (2008) «verfügen rund 30 Prozent (der Erstklässler im Kanton Zürich) nur über rudimentäre Kenntnisse der Unterrichtssprache, weshalb sie nicht in der Lage sind, dem Unterricht in genügendem Masse zu folgen». Dass sich diese Defizite bis ans Ende der Primarschule nicht auflösen, zeigt die Studie von Moser und Rhyn (2000), die für den Kanton Zürich nachweist, dass fremdsprachige[7] Kinder deutlich seltener Schultypen mit hohen Anforderungen auf der Sekundarstufe I besuchen können (am Langzeitgymnasium sind es nur 3 Prozent Fremdsprachige, in der Oberschule 52 Prozent). Zudem weisen die fremdsprachigen Kinder häufig sowohl in Deutsch als auch in geringerem Masse in Mathematik einen Leistungsrückstand gegenüber den deutschsprachigen Schülerinnen und Schülern auf. Die PISA-Studie macht deut-

7 Als fremdsprachig definiert werden Kinder, die zuerst eine andere Sprache als Deutsch gelernt haben, zuhause mehrheitlich eine andere Sprache sprechen und diese besser beherrschen als Deutsch (Moser/Rhyn 2000).

lich, dass diese Unterschiede auch bis zum Ende der obligatorischen Schule nicht ausgebügelt werden: Schweizer Schülerinnen und Schüler, die im Inland geboren wurden, deren Eltern aber aus dem Ausland stammen, liegen in der Lesekompetenz 54 Punkte – also über ein Schuljahr – hinter den einheimischen Kindern. Bei den im Ausland geborenen Schülerinnen und Schülern beträgt der Rückstand gar beängstigende 112 Punkte – das entspricht dem Stoff von über zwei Schuljahren! Dieses Manko an Textverständnis wirkt sich in der Folge auf die mathematische und naturwissenschaftliche Grundbildung aus, wo die Schülerinnen und Schüler aus dem Ausland oder mit ausländischen Eltern noch weiter zurückliegen. Das hat letztlich auch Konsequenzen für deren zukünftigen Stellen- und Einkommensaussichten (OECD 2001).

Vor diesem Hintergrund sollten gemäss Moser (2004) «im Vorschulbereich besondere Anstrengungen unternommen und die Betreuung jener Kinder verbessert werden, die von zu Hause aus in ihrer Bildungslaufbahn nur wenig Unterstützung erhalten». Da die PISA-Studien aber auch zeigen, dass die Lernmotivation der Migrantenkinder höher ist als diejenige der Schweizer Kinder, ist das Potenzial zum Ausgleich der unterschiedlichen Lernvoraussetzungen sehr wohl vorhanden (OECD 2007a).

Ausländische Kinder, insbesondere jene, welche die Unterrichtssprache Deutsch ungenügend beherrschen, haben also tatsächlich schwierigere Startbedingungen als Schweizer Kinder, und die Defizite werden auch bis zum fünfzehnten Altersjahr nicht ausgeglichen. Schulische Schwierigkeiten betreffen jedoch nicht nur Kinder mit Migrationshintergrund, sondern auch Schweizer Kinder mit Sprachproblemen oder Kinder aus sozial benachteiligten Familien. Wie die Studie der Zürcher Bildungsdirektion zeigt, gleicht die Schule die Rückstände bestimmter Kinder kaum aus, die Kinder fallen eher noch weiter zurück.

«Überforderte Schüler, verärgerte Eltern»

Wie kann es sein, dass die Schule die Unterschiede zwischen den Kindern gar noch verstärkt? Zur Beantwortung dieser Frage trägt unter anderem auch eine genauere Betrachtung der Hausaufgaben bei.

Hausaufgaben verstärken Benachteiligung

«Überforderte Schüler, verärgerte Eltern», titelte der «Tages-Anzeiger» in einem Artikel zum Thema Hausaufgaben (16.06.2008). Kinder erhalten demnach immer schwierigere und immer umfangreichere Hausaufgaben und das oft ohne ausreichende Instruktionen durch die Lehrperson. Ohne die Hilfe der Eltern können die Kinder die Flut an Hausaufgaben oft gar nicht mehr meistern. Dabei stossen auch die Eltern – und nicht nur diejenigen der ausländischen Kinder – an ihre stofflichen, zeitlichen und nervlichen Grenzen. Ganz besonders bestraft werden durch die Hausaufgaben jene Kinder, deren Eltern gar nicht helfen können. Die Tradition der Hausaufgaben geht davon aus, dass die Eltern zu Hause dafür sorgen, dass alle Hausaufgaben gemacht werden. Sie sollen die Kinder ermahnen, mit ihnen hinsitzen, die Aufgaben kontrollieren und sicherstellen, dass sie auch in die Schule mitgenommen werden. Dieser Aufgabe kommen immer weniger Eltern nach. Bestraft wird das Kind mit schlechten Noten und fehlendem Wissen, was ihm die Schule und später einmal die Jobsuche erschwert.

Damit entsprechen die Hausaufgaben nicht den Vorgaben der Lehrpläne, die verlangen, dass die Kinder diese selbständig lösen können. Hausaufgaben werden vielmehr genutzt, um Rückstände im Lernpensum aufzuholen, und richten sich somit vor allem an jene, die sich mit deren Erledigung am schwersten tun: die schwächeren Schüler. Dies stellten Moser und seine Kollegen (2002) auch bei der Evaluation der Drittklässler des Kantons Zürich fest: «So gibt es keine konkreten Hinweise darauf, dass Hausaufgaben positive Auswirkungen auf den Schulerfolg oder das schulische Selbstvertrauen haben. Vielmehr zeigen die Ergebnisse, dass Kinder mit guten Schulleistungen keine oder weniger Zeit für Hausaufgaben aufwenden als solche mit schlechten Schulleistungen.»

Ein Drittel braucht Nachhilfe

Immerhin liegt die Schweiz mit 3.9 Stunden Hausaufgaben pro Woche für Deutsch, Mathematik und Naturwissenschaften noch unter dem OECD-Durchschnitt. Allerdings besucht fast ein Drittel der Schülerschaft gelegentlich oder regelmässig Stütz- und Förderkurse oder privaten Nachhilfeunterricht (OECD 2001). Damit macht das Lernen ausserhalb der Schule (zuhause oder in speziellen Kursen) einen grossen Teil des Lernens aus, der von der finanziellen und zeitlichen Kapazität zur Unterstützung sowie der Kenntnisse der Eltern oder der gesamten Familie abhängt. Ein derartiges System kann der Chancengleichheit nicht gerecht werden.

Fremdsprachige Schüler: Beschränken oder unterstützen?

Niemand zweifelt daran, dass eine Lehrperson mit einer kulturell und sozial heterogenen Klasse besonders gefordert ist, denn die Kinder aus sozial benachteiligten Familien und solche mit geringen Deutschkenntnissen brauchen oft mehr Aufmerksamkeit und individuellere Förderung. Verschiedene Studien halten fest, dass ab einem Anteil von 30 bis 50 Prozent fremdsprachiger Schülerinnen und Schüler, die praktisch kein Deutsch können, auch Folgen für den Schulerfolg der anderen Kinder festzustellen sind. Es kann in diesen Klassen zu Leistungseinbussen kommen, indem beispielweise der Pflichtstoff nicht vollständig durchgenommen werden kann (Lanfranchi 2007, Coradi Vellacott et al. 2003, SKBF 2005, Moser/Rhyn 2000). Die Heterogenität der Klasse wirkt sich zwar vor allem auf die fremdsprachigen Schülerinnen und Schüler aus, während die Nachteile für die deutschsprachigen Kinder sehr klein sind (Regierungsrat St. Gallen 2007). Dennoch wird von verschiedenen Seiten (beispielsweise von Lukas Reimann, SVP-Kantonsrat St. Gallen, im August 2007) eine Maximalquote für den Ausländeranteil in einer Klasse gefordert. Taugt diese als Lösung?

Maximalquote

Machen wir den Praxistest und stellen die konkreten Fragen: Wie hoch darf die Quote sein? Gilt sie auch für die Vorschule oder nur für Primarklassen, und was ist mit der Sekundarschule? Was macht eine Gemeinde, die einen so hohen Anteil an ausländischen Schülerinnen und Schülern hat, dass sie die Einhaltung der Quote unmöglich in allen Abteilungen erreichen kann? Kommen dann Schweizer Kinder von auswärts in diese Gemeinde oder müssen die ausländischen Kinder in eine weniger «belastete» Schule ausweichen? Wird die Schule gar aufgelöst und mit einer anderen zusammengelegt? Damit entstünde wie in einigen Staaten der USA, Lateinamerikas und in den Niederlanden ein sogenanntes «Bussing-System»: Kinder würden mit Bussen von einem Stadtteil in den anderen oder von einer Gemeinde in die andere gefahren, um die soziale Durchmischung der Klassen zu gewährleisten. Dieses System stösst vor allem bei privilegierten Gemeinden und Eltern auf Widerstand (Leuthold 2008). Maximalquoten bestehen den Praxistest nicht. Wir brauchen andere Lösungen.

Sozialindex

Es ist keine Lösung, die sozialen und geografischen Realitäten zu ändern oder mit Schülertransporten zu kompensieren. Eine taugliche Lösung muss sich an der Situation der bestehenden Schulen orientieren und das Beste daraus machen. Zum Beispiel mit einem Sozialindex, wie es der Kanton Zürich ansatzweise kennt. Ein solches System möchte auch der Kanton Aargau einführen (Kanton Aargau 2008). Die Reform der Aargauer Volksschule unter dem Namen «Bildungskleeblatt» umfasst die Einführung einer Eingangsstufe, die Harmonisierung der Schulstrukturen, den Aufbau von Tagesstrukturen sowie die Lektionenzuteilung gemäss dem genannten Sozialindex. «Die Lektionenzuteilung mit Sozialindex gewährleistet eine gerechtere Ausstattung der Schulen mit Lektionen. Dazu wird bei der Lektionenzuteilung die Bevölkerungsstruktur der Gemeinden und Quartiere bezüglich der sozialen, sprachlichen und kulturellen Zugehörigkeit berücksichtigt.» Die Lohnzahlungen für zusätzliche Lektionen in belasteten Gemeinden stammen vom Kanton und können von der Schule autonom für Förderunterricht, Teamteaching, flexible Lerngruppen oder andere Zwecke eingesetzt werden. Somit bietet der Sozialindex den Schulen die Möglichkeit, ihre Lehrkräfte den speziellen Bedürfnissen der jeweiligen Schülerschaft entsprechend einzusetzen: Fremdsprachige Schüler besuchen neben dem Regelunterricht den Sprachförderunterricht, um ihre Deutschkenntnisse zu verbessern; oder eine ganze Klasse wird von zwei Lehrkräften gleichzeitig betreut, damit jedes Kind die nötige Aufmerksamkeit erhält, um im Klassenverband nicht unterzugehen.

Dieses System hat auch den Vorteil, dass Schulen in sozial benachteiligten Quartieren und Gemeinden – bei guter Unterrichtsqualität – bestehen bleiben und so zur Integration der Migrantenkinder beitragen können. Denn die Schule ist nicht nur ein Ort der Bildung, sondern auch Basis sozialer Kontakte über die Schulstunden hinaus. Sie bietet Platz für Freizeitaktivitäten und Anlässe verschiedenster Art von Vereinen im ganzen Dorf. Und diese Integrationsfunktion ist umso wichtiger, je unterschiedlicher die sozialen und kulturellen Hintergründe der Schülerinnen und Schüler sowie deren Familien sind.

Alle haben Anrecht auf Unterrichtsqualität

Heterogene Klassen – egal in welcher Hinsicht – sind anspruchsvoll. Aber sie sind eine Realität. Die Diskussion sollte sich also vor allem darauf konzentrieren, wie wir mit ihr umgehen. Entscheidend dabei ist die Unterrichtsqualität und damit die Frage: Wie kann die Lehrperson den unterschiedlichen Bedürfnissen der Schülerschaft gerecht werden und gleichzeitig eine hohe Unterrichtsqualität bieten? Nach Einschätzung der Schülerinnen und Schüler ist ein Unterricht dann gut, wenn die Lehrperson sich individuell an die einzelnen Schüler richtet, sie sachorientiert unterstützt und den Unterricht verständlich gestaltet (Befragung von Moser und Rhyn 2000). Etwas weniger zentral eingestuft wird, dass der Unterricht aufgabenorientiert ist und ein gutes Lernklima herrscht. Diese Auffassung teilt auch Regine Aeppli, Bildungsdirektorin des Kantons Zürich, welche die Grundvoraussetzung für guten Unterricht im «Tages-Anzeiger» (7.04.2008) treffend formulierte: «Wir müssen die besonderen Bedürfnisse und Fähigkeiten eines jeden Kindes als Normalfall akzeptieren.»

Das Erziehungsdepartement des Kantons Schaffhausen hat 2005 eine Broschüre zum Thema Unterrichtsqualität herausgegeben, die es den Schulen und Lehrern ermöglichen soll, die Qualität im Unterricht zu sichern und weiterzuentwickeln. Darin erscheinen unter anderem folgende Punkte für eine hohe Unterrichtsqualität zentral: die Berücksichtigung der individuellen Voraussetzungen jedes Schülers und jeder Schülerin, die Vermeidung von Über- und Unterforderung durch differenzierten Unterricht, wertschätzender, einfühlsamer und echter Umgang mit den Lernenden, die anregende Einrichtung des Unterrichtsraums, der zielorientierte Einsatz unterschiedlicher Lehrmethoden, die Durchführung von Lernkontrollen und die regelmässige Beurteilung der Schülerinnen und Schüler.

Es geht bei den vielfältigen Klassenzusammensetzungen nicht um standardisierten, durchorganisierten und unpersönlichen Frontalunterricht, sondern um ein möglichst vielfältiges, abwechslungsreiches und an das einzelne Kind angepasstes Lernumfeld. Auf diese Herausforderungen muss die Lehrerausbildung ausgerichtet werden.

«Freude an der Vielfalt»

Die Lehrpersonen sollen «Freude an der Vielfalt entwickeln», fordert ein Positionspapier der Pädagogischen Kommission des Dachverbandes der Schweizer Lehrerinnen und Lehrer LCH (Grossenbacher und Oberdorfer 2005). Über diese Grundeinstellung hinaus braucht es die Fähigkeit, verschiedene Bedürfnisse zu erkennen und wenn immer möglich zu berücksichtigen. Konflikte und Diskriminierungen sollten wahrgenommen, gelöst oder gar verhindert werden. Die Lehrerinnen und Lehrer sollten Lernziele setzen und bei deren Verfolgung die unterschiedlichen Lernvoraussetzungen der Schülerinnen und Schüler mit einbeziehen, sodass alle Kinder motiviert werden und Erfolgserlebnisse verzeichnen können. Die pädagogische Hochschule Zürich hat jüngst den Masterstudiengang «Wirksamer Umgang mit Heterogenität» entwickelt, um den Lehrerinnen und Lehrern die vom LCH geforderten Kompetenzen zu vermitteln (Rüttimann 2008).

Guten Unterricht entwickeln

Moser und Tresch (2003) zeigen in ihrem Buch, wie mit dem Best-Practice-Ansatz (vgl. Kasten S.75) in fünf Schritten die Unterrichtsqualität verbessert werden kann. Am Anfang steht die Bestimmung von Benchmarks: Wie kann ein erfolgreicher Unterricht bestimmt werden? Die Autoren anerkennen zwar, dass die Schule auch fachübergreifende Ziele wie Teamfähigkeit und Selbständigkeit verfolgt. Da diese jedoch schlecht messbar sind, schlagen sie vor, den Unterrichtserfolg anhand der fachlichen Leistungen (Sprache, Mathematik, Naturwissenschaften) zu bestimmen. In einem zweiten Schritt müssen die Leistungen anhand eines Tests gemessen, mit den Zielen des Lehrplans oder Leistungen anderer Klassen verglichen und beurteilt werden. «Der Vergleich der Schulleistungen verschiedener Klassen kann fairerweise nur dann für die Bestimmung erfolgreichen Unterrichts genutzt werden, wenn die unterschiedlichen Lernvoraussetzungen berücksichtigt sind. (…) Aus diesem Grund werden bei Evaluationen neben den Leistungen meist auch Hintergrundinformationen über die Schülerinnen und Schüler erfasst.» Im dritten Schritt wird dann analysiert und reflektiert (durch die Lehrpersonen), worauf der Erfolg einer Klasse basiert, wie die Lehrerinnen und Lehrer ihr Wissen und ihre Erfahrungen erfolgreich umsetzen. Die Reflektionen werden von den Lehrpersonen schriftlich festgehalten. Daraufhin werden konkrete Verbesserungsmassnahmen entwickelt. In einem fünften und letzten Schritt werden die Massnahmen umgesetzt, und es wird kontrolliert, ob sie zu einer Leistungsverbesserung geführt haben. Eine vermehrte Anwendung des Best-Practice-Ansatzes könnte dazu führen, dass Lehrerinnen und Lehrer von den praktischen Erfahrungen und dem impliziten Wissen der anderen lernen würden. Besonders erfolgreiche Unterrichtsmethoden würden übernommen, an die eigene Situation angepasst und so die Unterrichtsqualität erhöhen.

Mich überzeugt dieser Ansatz aus drei Gründen: Erstens stellt er sehr konsequent die Verbesserung des Unterrichts ins Zentrum. Zweitens schreckt er nicht vom Messen und Vergleichen zurück; und drittens ist das Modell als geschlossener Kreis gestaltet. Das Resultat wird nicht einfach als solches hingenommen, sondern dient als neuer Ausgangspunkt für eine weitere Verbesserung.

Best Practice

«Best Practice hat zum Ziel, erfolgreiche Prozesse zu identifizieren, zu analysieren und für das eigene Handeln verfügbar zu machen. Best Practice bedeutet, von den erfolgreichen Erfahrungen und Methoden anderer zu lernen, um die eigene Leistung zu steigern. (...) Der Best-Practice-Ansatz verfolgt das Ziel, die vorhandenen Ressourcen in Lehrerteams besser zu nutzen und die Orientierung an gutem Unterricht zu fördern.» (Moser/Tresch 2003)

Auch Schweizer Kinder sind benachteiligt

Wenn wir die Fakten betrachten, wird klar, dass die Heterogenität der heutigen Klassen eine grosse Herausforderung darstellt und es dabei insbesondere gelingen muss, die Schwierigkeiten der Kinder mit schlechten Deutschkenntnissen zu reduzieren. Die Problematik darf aber nicht alleine auf die Kinder mit Migrationshintergrund reduziert werden. Diese Sichtweise versperrt den Blick auf grundlegendere Probleme: Auch Schweizer Kinder, insbesondere aus bildungsfernen Familien oder tiefen sozialen Schichten, bleiben teilweise auf der Strecke. Der Migrationshintergrund und mangelnde Sprachkenntnisse kommen lediglich als zusätzliche Erschwernisse hinzu. Die Vielfalt in den Klassen ergibt sich nicht nur aus den unterschiedlichen Nationalitäten, sondern grundsätzlich aus der Individualität jedes Kindes. Deshalb müssen in Zukunft Überlegungen in Bezug auf die Sprachförderung, die Hausaufgaben und individuelle, integrative Lernkonzepte angestellt werden. Dass es auch in Bezug auf die Jahrgangsklassen, die Selektion und die Sonderschulung eine neue Bildungspraxis braucht, die wie bei der Frühförderung beim einzelnen Kind ansetzt, geht aus dem folgenden Kapitel hervor.

Selektion und Sonderschulung – Wenn Vielfalt Risiko und Chance ist

«Das Gras wächst nicht schneller, wenn man daran zieht.»
Afrikanisches Sprichwort

Kindergarten – Primarschule – Oberstufe, so verläuft die geordnete Schulkarriere: Meist wird zwei Jahre im Kindergarten gespielt, getobt, gebastelt und gesungen. Danach kommt der grosse Schritt in die erste Klasse. Ab jetzt wird Buchstabe für Buchstabe, Zahl für Zahl gelernt. Im Normalfall steigen die Schüler jedes Jahr in die nächste Klasse auf, hin und wieder repetiert ein Kind, das den geplanten Schulstoff noch nicht genügend beherrscht, eine Klasse. Je nach kantonaler Regelung steht nach vier bis sechs Jahren der Wechsel in die Oberstufe an. Schafft mein Kind den Sprung ins Gymnasium? Oder landet es in der Sek A, B oder gar nur C (beispielsweise im Kanton Zürich)? Weshalb diese Zuteilung? Was macht mein Kind besser oder schlechter als die anderen, und hätte es nicht eigentlich mehr Potenzial, als der Lehrer meint? Diese Fragen und viele mehr stellen sich, wenn es um den Übertritt in eine höhere Klasse oder Schulstufe geht.

Als Antwort auf die zunehmenden Verschiedenheiten in der Gesellschaft entstehen vielerorts immer homogenere Quartiere, also beispielsweise solche, die von Einheimischen dominiert werden, und solche, in denen vor allem Immigranten leben; oder dann wohlhabende Wohngebiete wie die Goldküste am nördlichen Zürichseeufer und weniger privilegierte wie Bern-Bümpliz. Die Quartierentwicklung scheint oft nach dem Grundsatz «Gleich und Gleich gesellt sich gern» zu funktionieren. In der Folge setzen sich auch ganze Schulhäuser oder Schulklassen relativ einheitlich zusammen (Rüesch 1999). Neben diesem gesellschaftlichen Mechanismus führt jedoch auch das Bildungssystem durch die sogenannte äussere Differenzierung, also die Selektion durch Jahrgangsklassen, Schulstufen und verschiedene Schulniveaus, zu einer Vereinheitlichung der Klassenzusammensetzung. Diese Zusammensetzung kann bezüglich der kognitiven Leistungsfähigkeit, der kulturellen Herkunft, des sozioökonomischen Hintergrundes und des Geschlechts mehr oder weniger homogen sein. Was auf den ersten Blick erstrebenswert ist, zeigt sich beim zweiten Hinschauen als wenig vorteilhaft. Gemäss Rüesch gibt «es in der Fachliteratur den (...) Konsens, dass in Bezug auf diese Merkmale gut durchmischte Klassen dem schulischen Lernen besonders förderlich sind». Nicht homogene, sondern heterogene Klassen sind also wünschenswert.

Selektion auf der Sekundarstufe I

Eine wichtige Selektion stellt diejenige von der Primar- zur Sekundarstufe I dar: Die grosse Mehrheit (91 Prozent) der Schülerinnen und Schüler wird auf verschiedene Schultypen verteilt, die das Bundesamt für Statistik in Schulen mit Grundansprüchen (von 30 Prozent besucht) und solche mit erweiterten Ansprüchen unterteilt (von 61 Prozent besucht)[8]. Der Anteil jener, die zu diesem Zeitpunkt nicht selektioniert werden, hat zwar zwischen 1980 und 2006 von 2 Prozent auf 9 Prozent zugenommen, ist jedoch immer noch verschwindend klein. Die Mädchen besuchen mit einem Anteil von 64 Prozent verhältnismässig öfter Klassen mit erweiterten Ansprüchen als die Knaben (59 Prozent). Und während die Mehrheit der Schweizer Kinder (66 Pro-

8 Für die Schultypen mit Grundansprüchen (z. B. Realschule, Oberschule) erfolgt keine Selektion nach der Primarstufe. Für die Schultypen mit erweiterten Ansprüchen (z. B. Sekundarschule, Bezirksschule, Gymnasium) erfolgt nach der Primarschule eine Selektion, sei es durch Prüfung oder Notendurchschnitt.

zent) den erweiterten Ansprüchen gerecht wird, schafft dies nur eine knappe Minderheit der Ausländer (49 Prozent) (BFS 2008l).

Selektion nach sozialen Kriterien?

Entsprechen die Zuteilungen zu den verschiedenen Schultypen tatsächlich den Leistungen der Schülerinnen und Schüler? Eine Studie zeigt (Haeberlin, Imdorf und Kronig; 2004), dass dies nur dann der Fall ist, wenn eine Schülerin oder ein Schüler weit über oder weit unter der durchschnittlichen Leistung liegt. Bei durchschnittlicher Leistung hingegen kommt es zu deutlichen Abweichungen und zwar aufgrund von äusseren Merkmalen. So weist die Studie nach, dass Mädchen, Schweizer Kinder und Kinder mit mittlerem oder hohem Sozialstatus eher einer Schulstufe mit erweiterten Ansprüchen zugewiesen werden als Knaben, ausländische Kinder oder Kinder aus sozial niedrigen Schichten. Die Zuteilungen von durchschnittlichen Schülerinnen und Schülern durch die Lehrpersonen widersprechen also der Chancengleichheit. Moser und Rhyn (2000) weisen in ihrer Evaluation der Leistungen am Ende der Primarschule (Kanton Zürich) ebenfalls nach, dass die Schichtzugehörigkeit für den Übertritt in die Sekundarstufe eine Rolle spielt: «Schülerinnen und Schüler mit gleichen Noten und – augrund unserer Evaluation – gleicher Leistungsfähigkeit in Mathematik und Deutsch, die aus der Oberschicht stammen, treten eher in einen höheren Schultyp über als solche aus der Unterschicht.» Dass das schweizerische Selektionssystem diskriminierend wirkt, zeigen auch Auswertungen der PISA-Ergebnisse von 2000 (Coradi Vellacott et al. 2003). Demnach haben der sozioökonomische Status, die Bildungsnähe der Eltern und der Immigrationsstatus einen signifikanten Einfluss darauf, ob sich eine Schülerin oder ein Schüler in einem höheren oder tieferen Bildungstypus befindet – und zwar unabhängig von der Lesekompetenz.

Die Diskriminierung der Kinder mit tiefem sozioökonomischem Status durch die Lehrperson wird beispielsweise darauf zurückgeführt, «dass die Lehrperson aufgrund ihrer sozialen Herkunft grundsätzlich ‹eine andere Sprache spricht› als Kinder aus sozioökonomisch benachteiligten Gruppen und diese aus dem Grund negativer beurteilt» (SKBF 2005). Ein Kommunikationsproblem kann auch zwischen Lehrkräften und Eltern bestehen, wenn diese ein anderes kulturelles Kapital mitbringen. Zudem engagieren sich Eltern mit höherem Status oft stärker in der Schule und üben damit teilweise auch einen gewissen Druck auf die Lehrperson aus, einen positiven Selektionsentscheid zu fällen. Auch die PISA-Erhebung von 2000 lässt diese Erkenntnis zu: «Die Übertrittsentscheidungen sind in der Schweiz stark beeinflusst durch die Eltern und die Lehrpersonen, und dabei werden die Entscheidungen unabhängig von der Leistungsfähigkeit des Kindes durch den sozialen Status der Eltern beeinflusst» (Coradi Vellacott et al. 2003).

Späte Selektion ist wünschbar

Ob die Aufhebung der Schultypen und der Übergang zu einer integrierten Schule der Chancengleichheit zuträglicher wären, kann die Forschung heute noch nicht sagen. Allerdings deuten wissenschaftliche Ergebnisse darauf hin, dass die Selektion möglichst spät stattfinden sollte, da so der Einfluss der familiären Herkunft auf die Leistungen verringert werden kann (SKBF 2007). Coradi Vellacott und ihre Kollegen folgern aus ihrem Ländervergleich, «dass eine frühe erste Selektion die Selektivität von Bildungssystemen begünstigt. Eine späte Selektion in verschiedene Ausbildungs- und Schultypen scheint eine geringere soziale Abhängigkeit der Leistungen (im Alter von 15 Jahren) zur Folge zu haben. Dies hängt möglicherweise damit zusammen, dass schwächere und auch sozial benachteiligte Kinder und Jugendliche länger vom gemeinsamen Unterricht profitieren können.» Die Autoren weisen auf zwei Möglichkeiten hin, die diskriminierende Selektion zu mildern: Erstens können die Kinder früher eingeschult werden, wie dies in Frankreich der Fall ist (zur früheren Einschulung vgl. das Kapitel zur Frühförderung). Zweitens kann die Selektion zu einem möglichst späten Zeitpunkt stattfinden, was in Finnland praktiziert wird, indem bis zur neunten Klasse (Ende der Grundschule) keine Selektion stattfindet. Die Lehrerinnen und Lehrer werden in Finnland daraufhin ausgebildet, die Schülerinnen und Schüler individuell einzuschätzen und entsprechend zu fördern. Zudem verfügen die Schulen nicht nur über eine Schulleitung, Klassenlehrer und Fachlehrkräfte, sondern jeweils über eine Schulschwester, eine Sozialpädagogin, eine Psychologin, heilpädagogische Förderlehrkräfte und eventuell anderes Personal (z. B. für die Schulküche). Die PISA-Ergebnisse deuten auf den Erfolg dieses Modells hin, denn zwischen den besten und den schlechtesten Schulen bestehen in Finnland nur geringe Leistungsunterschiede, und selbst die schlechtesten liegen noch über dem OECD-Durchschnitt.

Repetition und Sonderschulung

Mit der mobilen Repetition (Repetition der Klasse, verbunden mit einem Wechsel des Schultyps) können Fehlzuteilungen korrigiert oder grosse Veränderungen in der Schulleistung berücksichtigt werden. In der obligatorischen Schule betrug die Quote der mobilen Repetition 2006 jedoch lediglich 0.8 Prozent. Ob dies auf die gute Erstzuteilung zurückzuführen ist oder nicht, bleibt offen. Die stabile Repetition (Klassenwiederholung ohne Wechsel des Schultyps) ist doppelt so häufig, wobei hier praktisch kein Unterschied zwischen den Geschlechtern vorhanden ist (BFS 2008m). Obwohl auch diese Quote tief erscheint, bedeutet diese Zahl auf neun Schuljahre hochgerechnet, dass fast jedes fünfte Kind einmal «sitzen bleibt». Die Klassenwiederholung macht jedoch wenig Sinn (Bless et al. 2004). Die Forschungsgruppe der Universität Freiburg um Gérard Bless fordert deshalb die mittelfristige Abschaffung des «Sitzenbleibens». In ihrer repräsentativen Studie zeigen sie, dass die Repetierenden zwar am Anfang der

Klassenwiederholung einen Vorsprung auf ihre Mitschüler aufweisen. Bis zum Ende der «Ehrenrunde» löst sich dieser jedoch auf und wird im folgenden Jahr erneut zu einem Rückstand. Wie wenig Sinn eine Klassenwiederholung macht, wird klar, wenn man sich mit der Massnahme konkreter auseinandersetzt. Das betroffene Kind muss ein ganzes Jahr wiederholen. Damit muss es den gesamten Stoff – auch denjenigen, den es beherrscht – repetieren, ohne dass es für den kritischen Stoff mehr Zeit oder Unterstützung erhalten würde. Möglicherweise bräuchte das Kind jedoch nur in einem Fach ein tieferes Lernniveau. Oder es könnte das Leistungsniveau seiner Klassenkameraden erreichen, wenn man ihm dafür nur ein paar Monate mehr Zeit liesse. Erschwerend kommt beim «Sitzenbleiben» hinzu, dass das Kind aus seinem Klassenverband gerissen wird und die neue Lehrkraft womöglich seine Leistungsfähigkeit unterschätzt.

Die Untersuchung macht im Weiteren deutlich, dass der Entscheid über die Promotion stark von der Lehrperson abhängt. Die meisten Kinder schaffen trotz schwacher Leistungen den Sprung in die nächste Klasse. Ob jemand «sitzen bleiben» muss, bleibt meist bis zu einem gewissen Mass willkürlich. Verschiedene europäische Länder haben die Konsequenzen aus diesen negativen Begleiterscheinungen der Klassenwiederholung gezogen. In den skandinavischen Ländern und in Grossbritannien ist das «Sitzenbleiben» ganz abgeschafft, in Frankreich mehrheitlich. Statt eine Klasse zu wiederholen, erhalten die Kinder in diesen Ländern individuelle Förderstunden, mit denen sie ihre Leistungsdefizite ausgleichen können. Diese Massnahme wird nicht nur dem Kind viel gerechter. Sie ist zugleich deutlich billiger. Eine Klassenwiederholung in der Primarschule kostet in der Schweiz nämlich pro Kind 11 000 Franken (SNF 2004).

Der typische Sonderschüler ist Ausländer

Nebst der Repetition ist die Umteilung in eine Sonderklasse die zweite Methode, um die Leistungsunterschiede in einer Klasse zu verkleinern. Schülerinnen und Schüler, die Schwierigkeiten haben, dem normalen Unterricht zu folgen, werden Kleinklassen mit einem bestimmten Förderansatz zugewiesen (nicht berücksichtigt sind hier die Sonderschulen für Kinder mit einer Behinderung). 2006 betraf dies 3.5 Prozent der Schülerschaft. 0.3 Prozent besuchten Einführungsklassen für Fremdsprachige, wobei dies 1.2 Prozent der ausländischen Schüler und 0.1 Prozent der Schweizer Schüler entspricht. Die Knaben werden deutlich häufiger Sonderklassen zugewiesen als die Mädchen (4.2 Prozent bzw. 2.7 Prozent). Noch deutlicher ist die Differenz zwischen Schweizern und Ausländern: Erstere sind lediglich zu 2.4 Prozent von sonderschulischen Massnahmen betroffen, während es bei letzteren 7.1 Prozent sind (ohne die Einführungsklassen für Fremdsprachige) (BFS 2008n).

Untersuchungen zeigen, «dass leistungsschwache Kinder in Regelklassen bessere Leistungen erzielen als in Sonderklassen» (Rüesch 1999). Dies gilt auch für Kinder mit Migrationshintergrund sowie für lernbehinderte Kinder (Kronig, Haeberlin und Eckhart 2000). Allerdings führen leistungsheterogene Klassen dazu, dass die schwächeren Schüler sich selbst negativer einschätzen und bei den anderen weniger beliebt sind. Die Stadt Zürich zieht aus diesen Forschungsergebnissen die Konsequenzen und schafft die Kleinklassen in den nächsten Jahren schrittweise ab. Die freiwerdenden Mittel werden dann für zusätzliches Förderpersonal eingesetzt («Tages-Anzeiger» 22.08.2008).

Mit der Integration alleine ist es aber noch nicht getan. Rüesch (1999) weist auf Studien hin, «die belegen, dass ein erfolgreiches Lernen leistungsschwacher Schülerinnen und Schüler weniger von einem bestimmten ‹Setting› als vielmehr von der gelungenen Abstimmung der Unterrichtspraktiken der Lehrperson auf die individuellen Voraussetzungen der Lernenden abhängig ist». Dies weist wiederum auf die grosse Bedeutung der Unterrichtsqualität und damit auf die Fähigkeiten der Lehrkräfte hin (vgl. dazu das Kapitel zu Ausländerkindern).

Klassenwiederholung in den Kantonen

«Der Übertritt in die nächste Klasse (Promotion) wird in den kantonalen Schulgesetzen und Bestimmungen geregelt. In der Regel wird am Ende des Schuljahres entschieden, ob die Schülerinnen und Schüler aufgrund ihrer Leistungen in die nächste Klasse übertreten können. Die Wiederholung einer Klasse ist in allen Schulgesetzen vorgesehen, wird jedoch unterschiedlich gehandhabt. Neben einer Klassenwiederholung ist auch die Zuteilung zu sonderpädagogischen Fördermassnahmen möglich» (EDK 2008a).

Besondere Regelungen in der Primarschule kennen vor allem die Kantone der Westschweiz und das Tessin. Im französischsprachigen Teil Freiburgs werden die Erst- bis Viertklässler mit Ausnahme besonderer Fälle automatisch in die nächste Klasse befördert. In den Kantonen Genf, Waadt und Jura ist dies bei Erst- und Drittklässlern der Fall, in Neuenburg bei Erst-, Zweit- und Viertklässlern und im Tessin bei Erst-, Dritt- und Viertklässlern. Das heisst, in diesen Kantonen gibt es zu verschiedenen Zeitpunkten Zyklen, die mehr als ein Schuljahr umfassen (Landry 2006). Dies ist im Kanton Luzern für die erste und zweite Klasse auch der Fall.

Grund- und Basisstufen als erster Schritt

Selektion findet nicht erst in oder nach der Primarschule statt, sondern schon mit dem Schuleintritt: Praktisch alle Kinder werden heute im selben Alter eingeschult, relativ unabhängig davon, ob sie dazu bereit sind oder nicht. Wie schon ausgeführt wurde, gehen die Kompetenzen der Kinder bei Schuleintritt bereits weit auseinander. Die Einführung einer Grund- oder Basisstufe mit variablen Durchlaufzeiten bietet hier eine Möglichkeit, diese frühe Selektion abzuschwächen (siehe Kapitel zur Frühförderung). Zur Erinnerung: Die Grundstufe fasst die beiden Kindergartenjahre und die erste Primarklasse zusammen. Die Basisstufe umfasst die beiden Kindergartenjahre sowie die ersten zwei Primarschuljahre. Wie rasch ein Kind diese Eingangsstufe durchläuft, hängt vom Entwicklungsstand und den Lernfortschritten des einzelnen Kindes ab.

Der Zwischenbericht über die Evaluation der Pilotprojekte in mehreren Deutschschweizer Kantonen zeigt, dass von den Kindern, die einen Kindergarten besuchten, ein beachtlicher Teil (9 Prozent) einer Einführungs- oder Kleinklasse zugewiesen wird. Bei Kindern der Grund- und Basisstufe ist dies in der Regel nicht nötig (Moser et al. 2008). Dies zeigt schon, dass der einheitliche Besuch des Kindergartens während zweier Jahre und der darauffolgende Übertritt in die erste Klasse den Kindern nicht gerecht werden – im Gegenteil: Die natürlicherweise unterschiedliche Entwicklung und die daraus entstehenden Leistungsunterschiede müssen in diesem System mit sonderpädagogischen Massnahmen aufgefangen werden. Die Evaluation ergibt weiter, dass die Kinder der Grund- und Basisstufen in den ersten beiden Jahren im Lesen und Schreiben sowie in der Mathematik signifikant höhere Lernfortschritte machen als ihre Kolleginnen und Kollegen, die zur selben Zeit im Kindergarten sind (was wenig erstaunt, da im Kindergarten im Unterschied zur Grund- oder Basisstufe diese Fähigkeiten kaum gefördert werden). Während die «Kindergartenkinder» den Rückstand im Lesen und Schreiben bis zum Ende der ersten Primarklasse beinahe aufholen, fallen sie in der Mathematik gegenüber den gleichaltrigen «Grund- oder Basisstufen-Kinder», die zu dieser Zeit im dritten Jahr der Eingangsstufe sind, noch weiter zurück. Dies hängt wohl mit dem Lehrplan und den Lehrmitteln dieses entscheidenden Schuljahres und den Erwartungen der Lehrkräfte zusammen.

Deshalb ist auch die Schlussfolgerung der Autoren zentral: «Die Ergebnisse zeigen, dass sich die Einführung der Grundstufe/Basisstufe positiv auf den Lern- und Entwicklungsstand der Kinder auswirken kann und die Kulturtechniken im Alter von vier bis sechs Jahren besser als im Kindergarten gefördert werden können. Die Ergebnisse zeigen aber auch, dass das Bildungssystem noch keine Anschlusslösung für die Grundstufe/Basisstufe anbietet. Ohne Anpassungen des Lehrplans und der Lehrmittel, ohne Umsetzung des Postulats der individuellen Förderung und der Flexibilisierung der Schullaufbahn kann es nur zu einer Angleichung des Lern- und Entwicklungsstandes in der Primarschule kommen.» Hier wird erneut klar, dass die pädagogische Erneuerung nur gelingt, wenn alle Schulstufen mitziehen und wir zu einer gemeinsamen pädagogischen Haltung kommen.

Notwendige Selektion, Bildungsstandards und standardisierte Tests

Die obigen Abschnitte machen deutlich, dass die Selektion im schweizerischen Bildungssystem in vielfältiger Weise verankert ist. Während zu Beginn der Schulkarriere weniger Selektion und ein fliessender Übergang vom Spielen zum Lernen Sinn machen und zu mehr Chancengleichheit führen können, kann und soll Selektion im späteren Verlauf der Schulzeit nicht vollständig vermieden werden. Wenn Selektion stattfindet, soll dies jedoch auf Basis von objektiven Kriterien geschehen. Dass dem nicht immer so ist, wurde bereits erwähnt (vgl. Haeberlin et al. 2004).

Die Forderung nach Bildungsstandards und einem Bildungsmonitoring ist nicht neu, sondern besteht seit 1878, als Bundesrat Droz in einem Bericht zum neuen Verfassungsartikel 27 schrieb: «Das Beste wäre, das Minimum der Kenntnisse anzugeben, welche von allen jungen Leuten ohne Ausnahme, Knaben und Mädchen gefordert werden dürfen» (zitiert nach Künzli 2006). Die Kantonsregierungen unterstützten dieses Vorhaben im 19. Jahrhundert jedoch nicht, womit die Einführung von nationalen Bildungsstandards erst heute, mit dem HarmoS-Konkordat (siehe Kästchen) realisiert werden soll.

HarmoS, nationale Bildungsstandards und Bildungsmonitoring

Im Rahmen des HarmoS-Konkordats werden nationale Bildungsstandards für die obligatorische Schule entwickelt. Vorerst für die Fachbereiche Schulsprache, Landessprachen/Fremdsprachen, Mathematik und Naturwissenschaften. Bis Mitte 2009 sollen die Leistungsstandards für das Ende des vierten, achten und elften Schuljahres von der Schweizerischen Konferenz der kantonalen Erziehungsdirektoren (EDK) verabschiedet werden. Die Erreichung der Standards wird durch die EDK mittels Bildungsmonitoring überprüft (EDK 2008b).

«Bei den (…) vorgesehenen Standards handelt es sich um interkantonal verbindliche *performance standards,* also um ergebnisorientierte Leistungsstandards. Diese legen Stufen des Könnens, des Wissens und der Leistung bezogen auf das Lernziel eines Schulfaches fest (Kompetenzniveaus). Sie legen ausserdem fest, welchen Grad an Kompetenzerreichung für eine bestimmte Schülergruppe in einem bestimmten Alter beziehungsweise einer bestimmten Klassenstufe vorgesehen ist. Es handelt sich daher um Normen, deren Erfüllung oder Nichterfüllung durch entsprechende Testverfahren beurteilt werden kann. Diese Normen sind ausschliesslich auf die Lernergebnisse ausgerichtet, also nicht auf Lerninhalte *(content standards)* und nicht auf vorhandene schulische Ressourcen *(opportunity-to-learn-standards)*» (Maradan/Mangold 2005).

«Bildungsmonitoring ist die systematische und auf Dauer angelegte Beschaffung und Aufbereitung von Informationen über ein Bildungssystem und dessen Umfeld. Es dient als Grundlage für Bildungsplanung und bildungspolitische Entscheide, für die Rechenschaftslegung und die öffentliche Diskussion» (EDK 2008c).

Die Pilotphase des Bildungsmonitorings wurde 2007 mit dem ersten Bildungsbericht Schweiz (vgl. SKBF 2007) abgeschlossen. 2010 soll der nächste Bildungsbericht erscheinen.

Wenn die Bildungsstandards festgelegt sind, können auf deren Basis standardisierte und über die Kantonsgrenzen hinweg vergleichbare Tests durchgeführt werden. Damit wird es möglich, die Entwicklung des gesamten Bildungssystems über ein Bildungsmonitoring (siehe Kästchen) zu beobachten. Gleichzeitig geben solche Tests auch Auskunft über die Unterrichtsqualität in einzelnen Schulen oder Klassen. Damit sollen standardisierte Tests den Behörden und Lehrkräften als Orientierungshilfe dienen. Wenn die Tests auf Mängel in der Unterrichtsqualität hinweisen, müssen entsprechende Konsequenzen daraus gezogen werden. Im einen Fall wird eine gezielte Unterstützung der Lehrkraft und der Klasse reichen, während im anderen Fall eine neue Lehrperson gesucht werden muss.

Standardisierte Tests werden gegenwärtig interkantonal und zur Selbstevaluation der Lehrkräfte verwendet. So hat der Kanton St. Gallen das Testsystem «Klassencockpit» (www.klassencockpit.ch) entwickelt. Die Kantone Graubünden, Nidwalden, Schaffhausen, Thurgau, Zürich sowie beide Appenzell und das Fürstentum Liechtenstein haben dieses übernommen. «Klassencockpit» ist eine standardisierte Sammlung von Aufgaben in den Bereichen Mathematik und Deutsch für die dritte bis neunte Klasse. Dreimal jährlich können die Lehrkräfte ihre Klasse testen und mittels einer Online-Datenbank mit einer repräsentativen Stichprobe vergleichen. So können sie den Stand ihrer Klasse oder einzelner Schüler bestimmen und die Auswertung zur Qualitätssteigerung nutzen. «Klassencockpit» soll allerdings ausdrücklich nicht dem Controlling oder der Selektion dienen. Entsprechend haben auch die Schulbehörden oder die Eltern keine Einsicht in die Auswertungen auf Klassenebene.

Bei den Bildungsstandards werden grundsätzlich drei Typen unterschieden: die evaluativen, die summativen und die formativen. Wenn im Zusammenhang mit HarmoS von Bildungsstandards gesprochen wird, sind damit die evaluativen gemeint. Sie beziehen sich nur auf die Lernergebnisse. Die entsprechenden Tests sollen lediglich zu drei Zeitpunkten stattfinden. Diese Form der Beurteilung überprüft, ob die Lernziele erreicht wurden. Die Überprüfung gilt damit nicht der einzelnen Schülerin oder dem einzelnen Schüler. Evaluative Standards zeigen nicht, wo ein Kind in seiner individuellen Entwicklung steht und wie es sich verbessern könnte.

Um den Lernstand des einzelnen Kindes zu erheben, braucht es eine regelmässige und umfassende Beurteilung durch die Lehrperson oder die Lernenden selber, die über die Lernzielerreichung (summative Beurteilug) sowie über den Lernprozess (formative Beurteilung) Auskunft geben. Immer noch das gängigste Mittel sind heute die Noten und damit die Reduktion auf die summative Beurteilung. Auf deren Problematik weist Vögeli-Mantovani (1999) deutlich hin: «Dasselbe Zeugnis mit denselben Noten soll einerseits Auskunft geben über den individuellen Lernerfolg zuhanden der Eltern und der Lernenden selbst, andererseits die Berechtigung für den Übertritt in eine nachfolgende Klasse oder Schule nachweisen. Zwei grundsätzlich verschiedene Informationsbedürfnisse werden mit der Kürzestform Note zu beantworten versucht. Das vermag die Note nicht zu leisten, und doch hat sie sich als alleinige Mitteilungsform bis heute halten können.»

Noten und summative Beurteilungen, also die normalen Prüfungen, wie wir Erwachsenen sie aus unserer Schulzeit kennen, sind darauf ausgerichtet, in einem Test unter Beweis zu stellen, dass der behandelte Schulstoff sitzt. Dieses Lernkonzept setzt den Anreiz, die verlangten Lerninhalte unmittelbar vor der Prüfung ins Kurzzeitgedächtnis zu hämmern, um sie gleich danach wieder zu vergessen. Damit wird nur oberflächlich gelernt, Wissen kurzfristig angehäuft und nicht dauerhaft im Bewusstsein verankert. Verschiedenste Studien zeigen die Mängel der traditionellen Notengebung: Nicht alle Lehrer beurteilen dieselbe Prüfung gleich. Oft ist gar das Gegenteil der Fall, indem die Bewertungen für dieselben Leistungen weit auseinander gehen. Selbst wenn dieselbe Lehrkraft eine Arbeit zweimal bewertet, kommt sie nicht immer zum selben Schluss. «Effektive Leistung im vergangenen Semester, geschätzte Leistungsfähigkeit, Leistungsfortschritte und -abnahmen im Vergleich zum Klassendurchschnitt, motivationale und disziplinarische Überlegungen werden in eine Note verpackt» (Vögeli-Mantovani). Es ist also ziemlich unklar, was eine Note überhaupt aussagen soll. Sie zeigt auch nicht auf, wo die Stärken und Schwächen eines Lernenden liegen, sondern lediglich, ob er besser oder schlechter abgeschnitten hat als seine Klassenkameradinnen und -kameraden.

Noten und andere Beurteilungsformen in den Kantonen

«In allen Kantonen werden den Schülerinnen und Schülern Zeugnisse mit Noten ausgestellt, dies allerdings nicht in allen Kantonen ab dem gleichen Zeitpunkt: In der grossen Mehrheit der Kantone setzen Zeugnisse mit Noten zwischen dem 1. und dem 4. Schuljahr ein.» (EDK 2008d)

Im Kanton Neuenburg gibt es bis Ende 5. Klasse nur Lernberichte ohne Noten, in Appenzell Ausserrhoden bis Ende 6. Klasse und in Basel-Stadt bis Ende 7. Klasse. Im Kanton Graubünden ist beides möglich, ein jährliches Notenzeugnis oder ein Lernbericht ohne Noten, und zwar bis zum Ende der obligatorischen Schule. Im Kanton Tessin wird jedes Semester zwischen Lernbericht und Notenzeugnis abgewechselt. (EDK 2008e)

Die meisten Lehrkräfte orientieren sich an der durchschnittlichen Leistung einer Klasse und verteilen daraufhin die Noten rund um den Mittelwert möglichst von 1 bis 6. Das ist einerseits nicht gerechtfertigt, weil es in einer Klasse durchaus möglich ist, dass alle Schülerinnen und Schüler eine genügende (oder auch ungenügende) Leistung erbringen, andererseits wird ein verhältnismässig schlechter Schüler auch noch ungenügend sein, wenn er sich individuell gesteigert hat, einfach weil sich die übrigen Schüler ebenfalls verbessert haben. Dass dies alles andere als motivierend ist, versteht sich von selbst. Diese Nachteile treten nicht nur bei Noten, sondern auch bei anderen Beurteilungsformen auf. Zentral ist jedoch das zugrunde liegende Problem: «Schülerinnen und Schüler werden vorwiegend mit anderen verglichen, und dieser Vergleich beantwortet hauptsächlich die Frage, ob ein Schüler oder eine Schülerin besser oder schlechter sei als andere. Damit dominiert die selektive Funktion von Beurteilungen das Schulleben und die Unterrichtspraxis» (Vögeli-Mantovani).

Die formative Beurteilung

«Beurteilung im Kontext von Lehren und Lernen bezweckt die optimale Förderung der Schülerinnen und Schüler. Diese *Förderung* kann von zwei Seiten unterstützt werden. Lehrerinnen und Lehrer setzen Verfahren der Fremdbeurteilung ein, die eine Steuerung des Lernprozesses begünstigen. Schülerinnen und Schüler werden in die Selbstbeurteilung eingeführt, um die Steuerung ihres Lernens im Hinblick auf Lernziele selbst in die Hand zu nehmen. (…) Neben den Lernenden, die unmittelbar Feedbacks und damit *Orientierung* aus den Beurteilungen der Lehrkraft erhalten, sind auch die Eltern nicht nur über die Ergebnisse des Lernens zu orientieren, sondern auch über den Lernprozess.»

«Seit den frühen achtziger Jahren wird die formative Beurteilung in der Schweiz diskutiert, konzeptionell gestärkt und erprobt und findet immer mehr Verbreitung in den Schulen (…). Zwei sich gegenseitig verstärkende Kräfte haben wesentlich zu diesem Entwicklungsschub beigetragen: 1. In der Westschweiz hat sich eine stattliche Zahl von Wissenschaftern und Wissenschafterinnen dem Thema aktiv und anhaltend gewidmet. 2. Das sechsjährige schweizerische SIPRI-Projekt (1980–1986) sorgte unter anderem für die Lancierung einer verstärkt lernprozessunterstützenden Beurteilung auch in der Deutschschweiz.» (Vögeli-Mantovani 1999)

Ganz anders ausgerichtet ist die formative Beurteilung (siehe Kästchen): «Erfolgreiches Lernen, die dauerhafte Aneignung von Lernstrategien sowie der Aufbau allgemeiner Lernfähigkeit für lebenslanges Lernen werden im Konzept der formativen Beurteilung als zentrale Aufgaben der Schule aufgefasst. Lernen wird als dynamischer Prozess verstanden, der sowohl von den Voraussetzungen und Anstrengungen des Lernens als auch von Unterrichts- und Lernarrangements sowie von den anzustrebenden Zielen abhängt» (Vögeli-Mantovani). Als Beispiel einer lernprozessunterstützenden Beurteilung gilt das Projekt «Ganzheitlich Beurteilen und Fördern» (GBF) des Kantons Luzern. Das Projekt hat zum Ziel, dass die Schülerinnen und Schüler neben der Sachkompetenz auch Selbst- und Sozialkompetenz entwickeln. Im Zentrum des Lernprozesses stehen die individuellen und einzigartigen Voraussetzungen und Potenziale jedes Lernenden. Durch eigenständiges Lernen sollen die Lehrplanziele erreicht werden. Die Beurteilung basiert auf einer Dokumentation aus Selbst- und Fremdbeurteilungen, Lernkontrollen, schriftlichen Lernreflexionen und ausgewählten Arbeiten. Diese Beurteilungsdokumentation stellt den individuellen Lernprozess dar. Entscheidungen über die weitere Schullaufbahn oder Fördermassnahmen werden von der Lehrkraft, den Eltern und dem Kind gemeinsam getroffen (Vögeli-Mantovani). GBF wird im Kanton Luzern (2008a) heute in allen ersten und zweiten Klassen angewendet, wobei in beiden Klassen mindestens drei Beurteilungsgespräche durchgeführt und dokumentiert werden müssen. Ab der dritten Klasse findet jährlich ein Beurteilungsgespräch statt, wobei die erweiterte Beurteilung (also inklusive Selbstbeurteilung) freiwillig ist (Kanton Luzern 2008b). Die Sachkompetenz wird in Noten von 1 bis 6, die Sozial- und Selbstkompetenz in 4 Stufen (von nicht bis vollumfänglich erfüllt) bewertet. Um GBF effektiv umzusetzen, bedarf es einer offenen Unterrichtsform: Die Schülerinnen und Schüler brauchen genügend Spielraum für selbständiges und individuelles Lernen. «In einem solchen Lernklima entfalten sich subjektive kreative und intelligente Lernstrategien und Lernleistungen, die im Erfahrungsaustausch zwischen den Lernenden als Lernmodelle modifiziert und übernommen werden. Offener Unterricht ermöglicht, über verschiedene Lernwege zum Lernziel vorzustossen» (Theiler 1999). Daraus wird klar ersichtlich, dass sich Unterricht und Beurteilung ergänzen müssen, um individuelles Lernen und die Entwicklung verschiedener Kompetenzen zu fördern.

Selektion und Beurteilung sollen und können nicht abgeschafft werden, sie sind ein Teil des Schullebens. Aber sie sollen so ausgestaltet sein, dass sie den Kindern dienen und sie nicht behindern. Sie sollen fair und nachvollziehbar sein, und sie sollen die Wirkung erzielen, die ihnen zugedacht wird. Sie sollen den Kindern eine Einschätzung geben, wo sie Fortschritte gemacht haben und wo es noch mehr Leistung braucht. Sie sollen sie in ihren Talenten bestärken und Verbesserungen bei den Schwächen honorieren. Sie sollen eine umfassende Rückmeldung sein, die auch mehr Platz einnehmen darf als eine Zahl. Mit einbezogen in eine solch umfassende Beurteilung sind auch die Eltern, die dadurch regelmässig über den Entwicklungsstand und die Lernfortschritte ihres Kindes informiert werden, aber auch an Entscheidungen teilhaben und gemeinsam mit Lehrkräften und dem Kind diskutieren, wie dieses gefördert werden könnte. Dass die Eltern verstärkt in die Pflicht genommen werden müssen, zeigt auch das folgende Kapitel.

Das Portfolio

Im Rahmen von GBF wird auch das sogenannte «Portfolio» verwendet, ein Instrument zur Selbstbeurteilung durch die Lernenden. Das «Portfolio» ist eine Sammlung von Arbeiten, die der Schüler oder die Schülerin selbst ausliest. Die Sammlung wird während des Schuljahres immer wieder neu zusammengesetzt und gibt so einen Überblick über die Arbeit und die Weiterentwicklung der Lernenden.

«Das bewusste und begründete Zusammenstellen und die Kommunikation des Portfolios hat stark formativen Charakter. Die summative Beurteilung kommt dann ins Spiel, wenn das Portfolio als abschliessende Gesamtbeurteilung verstanden wird» (Vögeli-Mantovani 1999). Das «Portfolio» als Teil einer umfassenden Beurteilung kann also sowohl zur Gestaltung des Unterrichts und des individuellen Lernprozesses als auch zur Beurteilung beispielsweise über die Promotion genutzt werden.

Eltern – Wenn Familie und Schule (nicht) zusammenarbeiten

> *«Die Eltern sollten uns nie das Leben lehren wollen, denn sie lehren uns nur ihr Leben.»*
>
> Rainer Maria Rilke, Schriftsteller und Dichter

Das Verhältnis zwischen Schule und Elternhaus ist in erster Linie unklar. Und damit zunehmend eine Belastung für alle Beteiligten. Verunsichert wie sie ist, stellt sich die Schule neuerdings gar auf den Standpunkt, sie hätte überhaupt keinen Erziehungsauftrag, obwohl über vielen Eingangstüren der mehr als hundertjährigen Schulhäuser der Auftrag der Schule klar zu lesen ist: «Für die Erziehung und Bildung unserer Kinder». Ähnlich verunsichert sind auch viele Eltern. Die einen fühlen sich der Schule hilflos ausgeliefert. Sie wissen nicht, wie sie ihr Kind unterstützen sollen. Andere Eltern haben überhaupt keinen Zugang zur Schule, sei es, weil ihnen das Bildungsbewusstsein fehlt, sei es, weil staatliche Institutionen sie einschüchtern.

Eltern sind wichtig für den Schulerfolg

Der familiäre Hintergrund der Kinder ist in den letzten Jahren zunehmend verschieden geworden. Um die Unterschiede zu beschreiben, spricht die Fachwelt seit einiger Zeit von bildungsnahen und bildungsfernen Eltern.

Als bildungsnah gelten Eltern, die dem Schulerfolg der eigenen Kinder eine hohe Priorität beimessen. Sie haben umfassende Kenntnisse über das Schulsystem und verfügen in der Regel über Beziehungen zur Schule oder zu den Behörden. Sie sind in der Lage, den Kindern bei den Hausaufgaben zu helfen oder Hilfe zu organisieren. Sie nehmen an den Anlässen der Schule teil und wollen ernst genommen werden. Als bildungsfern gelten Eltern, die den Schulerfolg der Kinder nicht wichtig nehmen oder nicht einschätzen können. Sie sind oft schlecht in der Gesellschaft integriert und verfügen selber über einen kleinen Bildungsrucksack. Viele dieser Eltern haben Angst, ihre Autorität zu verlieren, wenn die Kinder in der Schule Dinge lernen, von denen sie nichts wissen. Bei jenen Eltern, die aus anderen Kulturkreisen stammen, kommen zusätzliche Schwierigkeiten hinzu. Sie sprechen keine der Landessprachen und fürchten, ihre Kinder an die neue westliche Kultur zu verlieren. Als Reaktion verbieten sie ihren Kindern oft, am gesellschaftlichen Leben der Gleichaltrigen teilzunehmen. Bildungsferne Eltern gehen wenig oder nie an Schulanlässe oder Elternabende. Sogar um sie zu einem Elterngespräch zu bewegen, müssen die Lehrerinnen und Lehrer oft einen grossen Aufwand leisten. Dazwischen liegt die Gruppe der bildungsinteressierten oder bildungsbewussten Eltern. Sie verfügen selber nicht über eine höhere Bildung, sind sich aber über den Wert einer solchen im Klaren. Sie unterstützen ihre Kinder nach dem Motto «Sie sollen es einmal besser haben als ich» sehr. Sie engagieren sich stark und versuchen, ihren Kindern ein möglichst optimales Umfeld zu bieten. Kinder aus dieser Bevölkerungsgruppe haben gute Chancen auf einen sozialen Aufstieg dank guter Bildung.

Aus Sicht der Kinder präsentieren sich die Unterschiede wie folgt: Kinder, die in bildungsnahe Familien geboren werden, finden dort eine offene Gesprächskultur. Es wird viel gesprochen, der Wortschatz der Eltern ist differenziert, die Kinder lernen Fragen zu stellen, und sie bekommen Antworten oder es wird ihnen gezeigt, wo sie Antworten finden können. Ähnlich sieht es in bildungsinteressierten Familien aus, auch wenn dort die Eltern in Wissensfragen oft passen müssen. Sowohl in den bildungsnahen als auch den bildungsinteressierten Familien wird überdurchschnittlich gesund gegessen.

Diese Familien erleben in der Freizeit gemeinsame Abenteuer, man bewegt sich, ist draussen, macht auch mal ein Feuer oder badet in einem See. Bei Regenwetter wird gelesen, gespielt oder gebastelt. Auch ein Dokumentarfilm oder ein Museumsbesuch stehen hie und da auf dem Programm. Geschenkt werden den Kleinen Bilderbücher, Legos, Holzspielsachen. Aber nicht nur: Auch in diesen Kinderzimmern stehen Computer, und auch diese Kinder lieben Playstations. Auch diese Kinder schauen gerne fern und lesen nicht nur dicke Bücher.

Und doch sind ihre Schulchancen deutlich höher als jene der Kinder aus bildungsfernen Familien. Denn diese spielen eben vor allem mit Computern und schauen vor allem fern. In diesen Familien wird wenig gesprochen. Die Eltern zeigen den Kindern wenig vom Leben. Fragen stellen ist nicht erwünscht. Antworten gibt es kaum. Den Eltern fehlt das Geld für Ferien oder Freizeitaktivitäten. Und für solche, die nichts oder wenig kosten, können sie sich nicht begeistern. Und so kam es, dass ein Schüler meiner damaligen Oberstufenklasse, der in Zürich geboren wurde, im Alter von 17 Jahren das erste Mal auf dem Uetliberg, dem Hausberg von Zürich, war und dort völlig verstört auf die weisse Wolkendecke unter ihm zeigte. Ein Nebelmeer hatte er in seinem bisherigen Leben noch nie gesehen.

Akademikerkinder

Die Chance, dass ein Kind eine Matura macht, ist sechsmal höher, wenn das Kind mindestens einen Elternteil mit Hochschulabschluss hat. Für einen Abschluss auf der tertiären Stufe ist die Chance für Akademikerkinder fünfmal grösser als für Kinder aus Arbeiter- oder Handwerkerfamilien (BFS 2005).

Die Wissenschaftselite der Schweiz, also die Professorenschaft der schweizerischen Hochschulen, stammt aus Herkunftsfamilien mit überdurchschnittlicher Ausbildung der Eltern (SKBF 2005).

Sind ausländische Eltern schlechtere Eltern?

Gut ein Fünftel der Schweizer Bevölkerung sind niedergelassene Ausländerinnen und Ausländer (BFS 2008o). Mehr als die Hälfte lebt seit mehr als 15 Jahren in der Schweiz (SKBF 2005). Im Kanton Zürich ist jedes vierte Kind in der obligatorischen Schule ausländischer Herkunft (Bildungsdirektion Kanton Zürich 2007b, 2007c). Dabei stammen rund 2 Prozent aus dem deutschsprachigen Raum, rund 6 Prozent aus Südeuropa und knapp 12 Prozent aus Südosteuropa. Der Rest teilt sich auf die übrigen Regionen auf.

Bei der beruflichen Tätigkeit gibt es klare Unterschiede bezüglich Herkunftsländer. Während aus dem Norden und dem Westen mehrheitlich hochqualifizierte Fachkräfte zuwandern, sind die zugewanderten Menschen aus dem Süden und Osten vor allem in niederqualifizierten und tiefer bezahlten Branchen tätig (SKBF 2005). Diese sozioprofessionellen Unterschiede sind nicht immer das exakte Abbild der beruflichen Qualifikation. Gerade bei Ausländerinnen und Ausländern, die als Flüchtlinge in die Schweiz gekommen sind, gibt es viele Frauen und Männer mit sehr guten Ausbildungen. Weil ihre Abschlüsse meist nicht anerkannt sind, arbeiten sie heute im Gastgewerbe oder als Taxichauffeur. Diese Eltern sind aber durchaus bildungsnahe. Entsprechend gross ist die Unterstützung für ihre Kinder.

Auf einen interessanten Aspekt weist Andrea Lanfranchi (2001) hin. Er macht auf den unterschiedlichen Charakter aufmerksam, den Schule und Elternhaus haben. Während das System Familie Stabilität und Kontinuität repräsentiert, steht das System Schule für Wechsel und Veränderung. Familien, die aus anderen Kulturen oder anderen Traditionen kommen, haben möglicherweise mehr Mühe, dem System Schule offen gegenüberzutreten, weil die Schule mit ihrem Ziel der Veränderung Ängste vor kulturellen Werteverlusten auslöst. Verstärkt wird dieser Effekt durch die Tatsache, dass Migration meist vom

Land in die Stadt stattfindet. Während eine Familie aus Istanbul wenig Schwierigkeit hat, sich in Basel zurechtzufinden, fällt dies einer Familie aus Anatolien meist deutlich schwerer. Gleiches gilt bekanntlich auch für Familien, die aus einer ländlich-traditionellen Region der Schweiz in eine Stadt umsiedeln.

Diese Darstellung veranschaulicht, dass nicht in erster Linie der Pass oder die aktuelle Beschäftigung entscheidend sind für den Schulerfolg der Kinder, sondern die Schulbildung der Eltern und/oder deren Einsicht in die Bedeutung der Bildung für die Zukunft der Kinder.

Eltern brauchen Unterstützung, Kinder brauchen Ergänzung

Die Eltern sind verschieden und in Erziehungsfragen unterschiedlich talentiert. Trotzdem und deshalb soll hier ausdrücklich festgehalten werden, dass die meisten Eltern ihren Job mindestens so gut machen wie frühere Generationen. Oder wer von den heute über 65-Jährigen möchte in der heutigen Zeit nochmals Kinder haben? Wir wissen aber auch, dass es eine stattliche Zahl von Eltern gibt, die überfordert sind und ihren Kindern keinen optimalen Start ins Leben bieten können. Diese Eltern kämpfen in der Regel selber mit ihren Lebensumständen und verfügen nur über wenige persönliche und finanzielle Ressourcen. Nicht vergessen dürfen wir jene Eltern, die – quasi am anderen Ende der Skala – von ihren Kindern zu viel verlangen und aus lauter Angst vor mittelmässigen Schulleistungen einen enormen Druck aufsetzen. Und dann gibt es noch jene Eltern, die ihren Kindern alle Steine aus dem Weg zu räumen versuchen. Ob überforderte oder zu ehrgeizige Eltern, ob vernachlässigte oder verwöhnte Kinder: Die Schule spürt die Folgen ganz direkt.

Die Schule ist nicht in der Lage, all die unterschiedlich gefüllten Rucksäcke der Kinder gleichmässig zu bepacken. Hier ist sie auf Hilfe von aussen angewiesen. Die Kinder brauchen ein zweites Standbein, zum Beispiel eine Kindertagesstätte oder eine Tagesfamilie, und die

Eltern brauchen mehr Unterstützung. Zuoberst auf der Liste stehen stabile Anstellungsverhältnisse mit Löhnen, die existenzsichernd sind, damit für die Familie genügend Zeit bleibt. Wo Familien in finanzielle Nöte geraten, müssen sie so unterstützt werden, dass die Kinder ein normales Leben führen können. Und wo Defizite oder Herausforderungen in der Erziehung zu meistern sind, braucht es begleitende Angebote wie die sozialpädagogische Familienbegleitung, aber auch niederschwellige Angebote der Elternbildung.

Für die Kinder sind Horte, Krippen oder Tagesfamilien eine wichtige Ergänzung zur eigenen Familie. Wie wir bereits ausgeführt haben, gilt dies nicht nur für Kinder aus bildungsfernen Familien. Von frühkindlichen Angeboten profitieren bei entsprechender Qualität alle Kinder, indem sie dort Dinge entdecken und erleben können, die in der Kleinfamilie nicht stattfinden.

Schule und Elternhaus müssen zusammenspannen

Völlig unabhängig von der Frage, wie die Herkunftsunterschiede verringert werden können: Eine bessere Zusammenarbeit zwischen Schule und Elternhaus tut auf jeden Fall Not. Sie ist ein Wert für sich und müsste auch dann angestrebt werden, wenn die anderen Faktoren nicht verändert werden könnten. Denn je besser die Zusammenarbeit zwischen Schule und Elternhaus ist, desto sicherer bewegt sich das Kind von der einen Welt in die andere. Kathie Wiederkehr (2001) meinte als damalige Präsidentin des Schweizerischen Bundes der Elternbildung dazu: «Eltern sind sehr wichtige Partner für die Schule und umgekehrt. Im Idealfall besteht zwischen den beiden eine gleichwertige Wechselbeziehung, in deren Zentrum das Kind steht und in der beide Seiten das Kind fördern und zu seinem Wohlbefinden beitragen wollen.»

Sich dessen bewusst, klären gegenwärtig viele Kantone die gegenseitigen Rechte und Pflichten und halten sie in den revidierten, kantonalen Volksschulgesetzen fest. Als Beispiel sei hier der Kanton Zürich erwähnt (Bildungsdirektion Kanton Zürich 2005b). Dort wird im Volksschulgesetz (§ 54) festgehalten: «Schulbehörden, Lehrer und Eltern arbeiten im Rahmen ihrer Verantwortlichkeiten zusammen.» Weitere Bestimmungen (§ 55–56) verankern das Recht auf Mitwirkung der Eltern sowohl als Gruppe als auch individuell. Ausgeschlossen wird ausdrücklich die Mitwirkung bei Personalentscheiden sowie bei methodisch-didaktischen Fragen. Die Teilnahme an entsprechenden Gesprächen wird erwartet. Schulleitung oder Schulbehörde können sogar gewisse Elternveranstaltungen für obligatorisch erklären. Zu den im Gesetz ausdrücklich aufgezählten Pflichten der Eltern gehört die Erziehung der Kinder, die Sicherstellung des regelmässigen Schulbesuchs, der Erfüllung der Schulpflicht sowie weitere Pflichten, die damit verbunden sind (§ 57).

Diese trockenen Gesetzesbuchstaben müssen mit Leben gefüllt werden. Dabei kann die Initiative nicht nur von den Lehrerinnen und Lehrern ausgehen. Eltern müssen sich zusammenschliessen und zusammen mit der Schule die für alle Beteiligten beste Mitwirkungsform finden. Maya Mulle, Geschäftsführerin des Schweizerischen Bundes für Elternbildung (SBE) erwähnt drei Formen der institutionellen Elternarbeit: den Elternrat, das Elternforum oder die Elterngesprächsrunden (swiss family 2008). Beim Elternrat als verbindlichste Form wählen die Eltern aus jeder Klasse ein bis zwei Elterndelegierte in den Elternrat. Die Schulleitung, die Lehrerschaft und bei Bedarf die Schulbehörden nehmen an den Sitzungen mit beratender Stimme teil. Die gewählten Elterndelegierten vertreten die Anliegen aller Eltern im Elternrat. Der Vorteil dieser Form ist die breite Abstützung. Alle Klassen sind vertreten. Beim Elternforum ist dies nicht der Fall. Zum Elternforum gehören alle Eltern einer Schule. Sie planen und realisieren Projekte in enger Zusammenarbeit mit der Schulleitung und der Lehrerschaft. Die Elterngesprächsrunden sind vor allem auf der Sekundarschulstufe bekannt. Hier treffen sich die Eltern jahrgangsweise und tauschen sich – teilweise mit Unterstützung von Fachleuten – über aktuelle Themen aus.

Ergänzend zu den Mitwirkungsrechten der Eltern sind auch jene der Schülerinnen und Schüler zu klären. Das Zürcher Volksschulgesetz geht sehr weit und hält im Grundsatz fest (§ 50 Abs. 3): «Die Schülerinnen und Schüler werden an den sie betreffenden Entscheiden beteiligt, sofern nicht ihr Alter oder andere wichtige Gründe dagegen sprechen.» Ihrem Alter und Entwicklungsstand angepasste Mitverantwortung und Mitsprache sollen von den jeweiligen Schulen ausgearbeitet und umgesetzt werden. Auch hier gilt es, aus den verschiedenen Formen Schülerrat, Schulparlament, Schulforum usw. zu wählen.

Die Elternmitwirkung, aber auch die Mitwirkung der Schülerinnen und Schüler dürfen nicht erst im Krisenfall aufgebaut werden. Für eine erfolgreiche und gegenseitig entlastende Zusammenarbeit ist Vertrauen notwendig. Erfolgsfaktoren für eine fruchtbare Mitwirkung von Eltern und Kindern sind die Haltung der Schulleitung und der Lehrerschaft sowie die konkreten Projekte. Organisation von Weiterbildungsveranstaltungen zu Themen wie Sucht, Erziehungsfragen, Jugendgewalt, interkulturelles Zusammenleben, aber auch gemeinsame Schulhaus- und Pausenplatzgestaltung sowie die Organisation von Schulanlässen sind klassische Felder für die Mitwirkung der Eltern sowie der Schülerinnen und Schüler. Eltern können zusätzlich über ihre spezifischen Fähigkeiten beigezogen werden: Besuche an ihren, für Kinder oft spannenden Arbeitsplätzen, Wartung der Schulhaus-Homepage durch eine Mutter oder einen Vater, Mitarbeit bei Aufgabenhilfe usw. sind solche Möglichkeiten. Interessant wird es nach Meinung von Mulle, «wenn die Eltern die Möglichkeit erhalten, in einer Arbeitsgruppe Schulentwicklung mitzuarbeiten» (swiss family 2008). Dies kann aber nur gelingen, wenn über andere Wege die Zusammenarbeit bereits gefestigt ist.

Egal, wofür sich eine Schule entscheidet: Die Angebote müssen so gestaltet sein, dass sie einzelne Eltern nicht systematisch ausschliessen. Je vielfältiger und niederschwelliger die Mitwirkungsmöglichkeiten sind, desto höher ist die Gewähr, dass auch bildungsferne Familien den Zugang zur Schule finden. Die Kinder dieser Familien haben oft ein sehr gutes Gespür und Ideen, wie ihre Eltern zur Mitwirkung motiviert werden könnten.

«Was sollen all diese schönen Projekte, wenn wir dort, wo es gilt, doch nichts zu sagen haben?» Viele Familien ohne Schweizer Pass verstehen nicht, weshalb sie bei politischen Schulfragen nicht mitbestimmen können. «Es ist absurd, wenn der Präsident der Schulbehörde von den 20 bis 30 Prozent der Schweizer Eltern gewählt wird und die 70 bis 80 Prozent ausländischen Eltern dazu nichts zu sagen haben», meint auch Andrea Lanfranchi (2001). Das Stimmrecht für Ausländerinnen und Ausländer in Schulfragen ist eine wichtige Massnahme auf dem Weg zu mehr Verantwortung, Verbindlichkeit und Vertrauen. Letztlich geht es darum, dass Schule und Elternhaus am gleichen Strick ziehen – und zwar in dieselbe Richtung.

Geld – Wenn Investitionen falsche Hoffnungen wecken

«Man darf um keinen Preis die Gegenwart der Kinder irgendeiner Zukunft opfern.»

Friedrich Schleiermacher, Theologe, Philosoph und Pädagoge

Immer wieder wird gesagt, dass die Missstände an der Schule nicht behoben werden können, weil es am Geld fehlt. Gerade unter den überall durchgeführten Sparmassnahmen hätten viele Schulen gelitten, heisst es etwa, worauf politische Diskussionen über die Anzahl Stunden Handarbeiten oder die Anzahl Kinder pro Klasse geführt werden. Die Frage lautet daher: Wäre mit mehr Geld die Schule tatsächlich besser?

Wie viel lassen wir uns die Bildung kosten?

In Bund, Kantonen und Gemeinden floss 2005 fast ein Fünftel (18.9 Prozent) der Gesamtausgaben – oder 26.5 Milliarden Franken – in die Bildung. Nur für die soziale Wohlfahrt wurde noch mehr Geld (20.5 Prozent) ausgegeben (BFS 2007b). Damit liegen die öffentlichen Bildungsausgaben deutlich vor Bereichen wie Gesundheit, Verkehr, Landesverteidigung oder Umwelt. Innerhalb der Schweiz geben ländliche Kantone wie Appenzell Innerrhoden, Freiburg und Thurgau mit über 35 Prozent an den Gesamtausgaben verhältnismässig mehr für die Bildung aus als städtische Gebiete wie Genf (21.1 Prozent) oder Basel-Stadt (20.0 Prozent) (BFS 2008p). Die Bildungsausgaben pro Einwohner sind allerdings in den Kantonen Genf und Basel-Stadt mit über 4000 Franken am höchsten, in Appenzell-Ausserrhoden und im Wallis mit rund 2500 Franken am tiefsten (BFS 2007b).

Im internationalen Vergleich lag die Schweiz 2004 mit 13 Prozent[9] der gesamten Staatsausgaben leicht unter dem OECD-Durchschnitt von 13.4 Prozent. Weit mehr für die Bildung geben Mexiko (23.1 Prozent) und Neuseeland (21.0 Prozent) aus, weit weniger unser südlicher Nachbar Italien (9.6 Prozent) und Griechenland (8.5 Prozent) (BFS 2008p). Der PISA-Sieger Finnland gibt allerdings praktisch gleich viel für die Bildung aus wie die Schweiz, nämlich 12.9 Prozent. Womit klar ist, dass gute Schülerleistungen nicht alleine auf hohe Bildungsinvestitionen zurückgeführt werden können. Der Bericht zur ersten PISA-Studie (OECD 2001) errechnet, dass das Volkseinkommen, gemessen als kaufkraftbereinigtes Bruttoinlandprodukt (BIP) pro Kopf, bis zu 27 Prozent der Varianz im Leistungsniveau (Lesekompetenz, Mathematik und Naturwissenschaften) voraussagen kann. Ein hohes BIP-pro-Kopf deutet zwar darauf hin, dass ein Land grosses Potenzial für Bildungsausgaben hat, heisst jedoch nicht, dass es diese auch tätigt. Die PISA-Studie (OECD 2001) analysiert deshalb auch den Zusammenhang zwischen den (privaten und öffentlichen) Bildungsausgaben pro Schüler und dem durchschnittlichen Leistungsniveau: Die Ausgaben je Schüler erklären 17 Prozent der Leistungsunterschiede zwischen den Ländern. Dass die Bildungsausgaben nicht alleine entscheidend sein können, wird auch klar, wenn man berücksichtigt, dass die Länder eine ganz unterschiedliche Anzahl an Lernenden, verschiedene Schulbesuchsquoten und Schulsysteme haben (BFS 2008r).

Vergleicht man die Bildungsausgaben nicht als Anteil an den Gesamtausgaben, sondern am Bruttoinlandprodukt, liegt die Schweiz mit

9 Die internationalen Zahlen stammen aus Berechnungen der OECD (vgl. OECD 2007a) und basieren auf der Volkswirtschaftlichen Gesamtrechnung des Bundesamtes für Statistik. Für die nationalen Berechnungen wird in der Schweiz hingegen die Finanzstatistik der eidgenössischen Finanzverwaltung verwendet (BFS 2008b).

6 Prozent über dem OECD-Schnitt von 5.4 Prozent und wird nur von den nordischen Ländern Europas (z. B. Dänemark 8.4 Prozent, Island und Norwegen je 7.6 Prozent, Schweden 7.4 Prozent) und Neuseeland (6.5 Prozent) übertroffen (BFS 2008s). Auch hier hängen die Quoten stark von den Faktoren wie Bildungsstruktur, Anteil privater Finanzierung, Nachfrage nach Bildung etc. ab (BFS 2008t).

Leichter interpretierbar und darum auch von zentraler Bedeutung sind die Ausgaben pro Schüler beziehungsweise Student: Hier rangiert die Schweiz unter den OECD-Ländern hinter den Vereinigten Staaten an zweiter Stelle. Die Schweiz zahlt pro Schüler (alle Bildungsstufen von der Primarschule bis zur Tertiärstufe) fast 12 000 US-Dollar (kaufkraftbereinigt) und liegt damit weit über dem OECD-Durchschnitt von 7000 US-Dollar. Neben Norwegen (10 700 US-Dollar), Dänemark (9800 US-Dollar) und Schweden (9000 US-Dollar) liegt die Schweiz damit auch vor dem PISA-Sieger Finnland, das lediglich 7800 US-Dollar für jeden Schüler ausgibt (BFS 2008u).

Egal, welche Indikatoren wir anschauen, ob Anteil an Staatsausgaben, Anteil am Bruttoinlandprodukt oder pro Schülerin: Die Schweiz gibt im internationalen Vergleich nicht zu wenig Geld für die Schulen aus. Die Studien zeigen aber auch, dass die Ausgaben nur einen Teil der Leistungsunterschiede erklären. Geld leistet also seinen Beitrag, aber es kann die Hauptursache für die vorne beschriebenen Schwachpunkte des Schweizer Bildungssystems sein.

Wohin fliessen die Bildungsausgaben in der Schweiz?

Spannender wird es, wenn wir uns genauer anschauen, wohin diese im internationalen Vergleich nicht tiefen Bildungsausgaben fliessen. Im Jahr 2005 wurde fast die Hälfte der Bildungsausgaben in der Höhe von 26.5 Milliarden Franken für die obligatorische Schule verwendet, gefolgt von der Tertiärstufe mit 26.0 Prozent und der Sekundarstufe II mit 20.4 Prozent. Verschwindend klein ist dagegen der Anteil des Kindergartens (3.6 Prozent) (eigene Berechnungen, BFS 2008s). Die laufenden Ausgaben für die öffentlichen Schulen betrugen 2005 im Schnitt 6900 Franken pro Kind in der Vorschule, 11 800 Franken auf der Primarstufe und 15 600 Franken auf der Sekundarstufe I (BFS 2007c). Laut OECD (2004) wurden 2001 in der Schweiz für die Vorschulerziehung lediglich 0.2 Prozent des BIP ausgegeben (privat und öffentlich), in Dänemark waren es gleichzeitig 0.8 Prozent.

Über die Hälfte der Bildungsausgaben wird für die Entlöhnung der Lehrkräfte aufgewendet, 13.5 Prozent für übriges Personal, 14 Prozent für Sachaufwand, 9.5 Prozent sind übrige Ausgaben und 8.5 Prozent Investitionsausgaben (BFS 2007b). Das Schwergewicht liegt damit eindeutig bei den Lehrkräften, was eine wichtige Grundvoraussetzung für gute Unterrichtsqualität und die Attraktivität des Lehrberufs darstellt und damit gerechtfertigt ist. Interessant wäre ein internationaler Vergleich dieser Aufteilung der Bildungsausgaben, um zu erkennen, ob auch andere Länder ähnlich hohe Anteile an übrigen Ausgaben und Investitionsausgaben haben, ist dies doch immerhin knapp ein Fünftel, der wohl kaum direkt in den Unterricht fliesst.

Insgesamt kann man wohl behaupten, dass die Schweiz viel in die Bildung ihrer Kinder und Jugendlichen investiert und zwar besonders im Bereich der obligatorischen Schule. Auszubauen wären die Ausgaben für die Vorschule, gerade weil auf dieser Stufe bezüglich Integration und Chancengleichheit noch am meisten möglich ist und bis 2003 nicht einmal ein Viertel der Drei- bis Vierjährigen eine vorschulische Einrichtung besuchte (SKBF 2007).

Gute Bedingungen für Schweizer Schulen

Nebst den Ausgaben für die Bildung interessieren auch die Bedingungen in den Klassenzimmern und am Arbeitsplatz. Wie steht es in der Schweiz in Sachen Klassengrössen, Betreuungsschlüsseln und Lohn?

Kleinere Klassen als anderswo

In der Schweiz drücken im Schnitt 19.3 Schülerinnen und Schüler in der öffentlichen Primarschule die Schulbank in derselben Klasse. Damit liegt die Schweiz deutlich unter dem OECD-Schnitt von 21.5 Klassenmitgliedern und wird nur von Luxemburg (15.6) und Portugal (16.0) geschlagen (OECD 2006c). Die häufige Kritik an den Klassengrössen hat in Anbetracht dieser Vergleichszahlen wohl mehr eine Ventilwirkung, als dass sie tatsächlich der Hauptursache für Missstände auf den Grund gehen würde. Die Probleme der heutigen Schule können nicht in der Klassengrösse liegen, wenn es so vielen anderen Ländern gelingt, mit grösseren Klassen eine Schule zu haben, die bei Lehrerinnen, Schülern und Eltern gut ankommt.

Betreuungsschlüssel: Nachholbedarf im Vorschulbereich

Ebenfalls gut schneiden die Schweizer Primarschulen beim Verhältnis zwischen Schülern und Lehrern ab: Auf eine Lehrkraft kommen hierzulande 14.3 Lernende. Der OECD-Schnitt beträgt demgegenüber 16.9 Schülerinnen und Schüler pro Lehrkraft. Schlecht sieht es jedoch im vorschulischen Bereich aus: Auf eine Lehrperson kommen hier in der Schweiz 18.2 Kinder, während der OECD-Schnitt nur 14.8 Kinder pro Lehrkraft beträgt. Am besten schneidet hier Neuseeland mit nur 9.4 Kindern ab (OECD 2006c). Somit zeigt sich auch an diesem Indikator, dass der finanzielle Nachholbedarf im Vorschulbereich am grössten ist. Gerade in der Kleinkindbetreuung arbeitet noch oft Personal ohne entsprechende Ausbildung. Dass eine Gruppe von Kindern von einer Fachperson, einem Lehrling und einer Praktikantin betreut wird, ist in den meisten Kindertagesstätten der Normalfall. Nimmt man die im Kapitel zur Frühförderung gemachten Ausführungen ernst, so braucht es auch hier eine Professionalisierung. Die Beobachtung und Unterstützung der kleinen Kinder in ihren Entwicklungsprozessen ist sehr anspruchsvoll und bedingt ein grosses pädagogisches und entwicklungspsychologisches Wissen.

Schweizer Lehrerinnen und Lehrer verdienen gut

Die Schweizer Lehrerinnen und Lehrer verdienen im internationalen Vergleich sehr gut: Der Einstiegslohn für Primarlehrkräfte beträgt kaufkraftbereinigt über 39 000 US-Dollar, nach 15 Jahren Berufserfahrung bereits knapp 52 000 und im Maximum gute 62 000 US-Dollar. Mehr Lohn erhalten nur die Luxemburger Primarlehrerinnen und -lehrer. Dasselbe Bild zeichnet sich für die Sekundarstufen I und II (OECD 2006d) ab. Ebenfalls komfortabel ist die Lohnsituation der Lehrkräfte innerhalb der Schweiz im Vergleich mit anderen Stellen im öffentlichen Sektor: Im kantonalen und kommunalen öffentlichen Sektor verdienen Angestellte im Unterrichtswesen am meisten (Kanton: 8433 Fr. im Monat, Gemeinde: 7904 Fr. im Monat), gefolgt vom Verwaltungspersonal (Kanton: 7324 Fr. im Monat, Gemeinde: 6994 Fr. im Monat) (BFS 2008v). Die Löhne der Schweizer Lehrkräfte sind also im internationalen Vergleich hoch – ebenfalls unter Berücksichtigung der unterschiedlichen Kaufkraft des Geldes in den Ländern.

Wer wird Lehrerin oder Lehrer?

Eine kürzlich erschienene Studie stellte fest, dass «die falschen Studenten» Lehrer oder Lehrerin werden («Sonntagszeitung» 30.03.2008). Seit 2002 müssen Kandidatinnen und Kandidaten für den Lehrberuf auf den obligatorischen Schulstufen (Vorschule, Primarschule und Sekundarschule I) eine pädagogische Hochschule – also eine Ausbildung auf Tertiärstufe – absolvieren. Es wurde darum untersucht, ob mit dieser Neuerung in der Lehrerbildung die bestgeeigneten Studentinnen und Studenten gewonnen und ausgebildet werden. Wolter und Denzler (2007) schreiben dazu: «Mit Massnahmen wie Eignungsprüfungen und -tests kann die Selektion von Studierenden in der Lehrkräfteausbildung zwar beeinflusst werden, allerdings hängt die Qualität der dem Bildungswesen zur Verfügung stehenden Lehrkräfte ebenso davon ab, wer sich überhaupt für ein Lehramtstudium entscheidet.» Kommt es also zur Selbstselektion unter den Maturandinnen und Maturanden? Und wenn ja, landen die richtigen in der Lehrerausbildung?

Die Analyse zeigt, dass es vor allem Frauen aus nichtakademischen Mittelschichtsfamilien sind, die eine pädagogische Hochschule besuchen. Entscheidende Motive und institutionelle Anreize sind die kurze Studiendauer, viel Freiraum während der Studienzeit, kein Interesse an einer wissenschaftlichen Ausbildung, dafür an einer direkten Berufsbefähigung und schliesslich die Vereinbarkeit von Beruf und Familie. Damit unterscheiden sich die angehenden Lehrpersonen klar von anderen Studierenden und auch von denjenigen, die auf Sekundarstufe II unterrichten möchten. Deshalb kann man auch zum Schluss kommen, dass sich die künftigen Lehrer eher gegen ein Universitätsstudium als für den Lehrberuf entscheiden (Wolter/Denzler 2007).

Anton Strittmatter vom Dachverband der Schweizer Lehrerinnen und Lehrer (LCH) bestätigte in der «Sonntagszeitung» vom 30. März 2008, dass dieses Lehrerprofil nicht der Schweizer Bildungspolitik, den PISA-Anforderungen und dem wirtschaftlichen Wettbewerb entspricht. Lehrer werden also Lehrer, weil es in der Ausbildung und danach wenig Verbindlichkeit gibt: kurze Ausbildung, viel Freizeit während des Studiums und gute Möglichkeiten zum Teilzeitarbeiten danach. Sie wählen bewusst einen nicht-wissenschaftlichen Beruf, ja der Lehrerverband spricht gar von «anti-intellektuellen Tendenzen» in seiner Branche. Wir haben also nicht die Personen im Lehrerberuf, die wir uns eigentlich wünschen würden. Hängt das mit den Löhnen zusammen, die zwar im internationalen Vergleich hoch sind, im Konkurrenzvergleich mit anderen Ausbildungen, die an eine Maturität anknüpfen, jedoch eventuell doch zu tief? Die Entscheidungsgründe, die oben für ein Lehrerstudium genannt werden, deuten aber eher darauf hin, dass die gesamten Anreize falsch sind. Das Bild der Lehrerausbildung und des Lehrerberufs ist ein falsches. Auch hier ist es ein

Zusammenspiel unterschiedlicher Faktoren, wovon einer auch die Frage des Geldes sein mag.

Das Geld wäre da, doch es wird nicht effizient genutzt

Die Zahlen und Studien zeigen: Im Grundsatz ist in der Schweiz genügend Geld für das Bildungssystem vorhanden. Dass es dabei in einigen Gemeinden und Schulen trotzdem zu Engpässen kommen kann, ist klar. Im Grundsatz liegt aber das wesentliche Problem weder in der Höhe des investierten Geldes noch in der Klassengrösse noch an den Lehrerinnenlöhnen. Es geht vielmehr um die Frage, was mit dem Geld getan wird. Und hier schneidet die Schweiz besonders schlecht ab: Wir verbrauchen unser Geld in 26 unterschiedlichen Systemen, in mindestens einem Dutzend unterschiedlicher Lehrmittel zu demselben Stoff, in 26 unterschiedlichen Strukturierungen und in x unterschiedliche Lehrerausbildungen. Dies kann nicht die effizienteste und beste Lösung sein. Die Schweiz ist ein derart kleines Land, Umzüge über die Kantonsgrenzen sind derart schnell geschehen, sodass eine Aufteilung in 26 unterschiedlichen Bildungssysteme keinen Sinn machen kann: sowohl für Eltern und Kinder als auch hinsichtlich der Mittel, die ausgegeben werden. Eine grossräumigere Strukturierung oder zumindest enge Koordination würde Mittel frei machen, die in den Unterricht fliessen können. Erste Schritte hierzu sind gemacht: Das HarmoS-Konkordat sorgt für eine minimale Einheitlichkeit der Strukturen. Regionale Koordinationen wie beispielsweise der Bildungsraum Nordwestschweiz (www.bildungsraum-nw.ch) tragen dazu bei, das auch im Detail enger zusammengearbeitet wird. Das muss der Weg sein, damit sich die Bedingungen für alle verbessern.

Freie Schulwahl – Wenn gut gemeint schlecht durchdacht ist

«Im Leben lernt der Mensch zuerst das Gehen und Sprechen. Später lernt er dann still zu sitzen und den Mund zu halten.»

Marcel Pagnol, Schriftsteller

Modetrend oder mehr?

Wie aus dem Nichts ist in den letzten Monaten die Diskussion über die freie Schulwahl aufgetaucht. Was steckt dahinter? Ist es die Arbeit einzelner Personen, die diese Frage mit viel persönlichem Engagement und Feuer auf die politische Agenda gesetzt haben oder geht das Problem tiefer? Ist die freie Schulwahl nur ein weiterer Modetrend, der nach ein paar Abstimmungsniederlagen wieder verschwinden wird?

Noch wissen wir es nicht. Nach der deutlichen Ablehnung der ersten entsprechenden Volksinitiative im Kanton Baselland dürfte der anfängliche Schwung etwas verloren gehen. Trotzdem ist die Diskussion wichtig. Insofern ist dem Verein Elternlobby Schweiz (www.elternlobby.ch), der hinter den Initiativen[10] steht, zu danken. Der

10 In verschiedenen Kantonen werden Unterschriften für eine Initiative zur Einführung der freien Schulwahl gesammelt. In einigen Kantonen wurden sie bereits eingereicht. Eltern sollen zwischen öffentlichen und privaten Schule wählen können, wobei Letztere nicht gewinnorientiert sein dürfen und eine grundsätzliche Aufnahmepflicht akzeptieren müssen. (Schulen, die ihre Exklusivität behalten wollen, indem sie ein eigenes Auswahlverfahren durchführen, würden nicht unter die Regelung fallen.) Wählen Eltern für ihre Kinder eine private Schule, ist die öffentliche Hand verpflichtet, das Schulgeld in der Höhe der Durchschnittskosten der staatlichen Schule zu übernehmen. Im Kanton Baselland fand am 30. November 2008 eine Abstimmung zu einer solchen Initiative statt. Sie wurde mit 79 zu 21 Prozent deutlich abgelehnt.

Grundtenor «freie Wahl» mag dem zeitgenössischen Lebensgefühl jener Menschen entsprechen, die in der Schweiz überdurchschnittlich meinungsbildend sind, darunter viele Medienschaffende und Leute aus dem städtisch-liberalen Umfeld. Selbst wenn die Idee einer freien Schulwahl in vielen Punkten anfechtbar ist, tun wir gut daran, das Anliegen ernst zu nehmen. Es offenbart nämlich ein paar veritable Schwachstellen des heutigen Schulsystems.

Kurz zusammengefasst geht es um folgende Probleme:

a) Es gibt schlechte Lehrkräfte sowie Schulbehörden, die zu lange wegschauen.
b) Es gibt Schulhäuser, die mit sehr schwierigen Umständen zu kämpfen haben und nur mit Mühe die Lernziele erreichen.
c) Es gibt Situationen, in denen die Chemie zwischen Lehrkraft und Kind nicht stimmt und das Lernklima belastet ist.
d) Es gibt Lehrkräfte und ganze Schulhäuser, die für individuelle Förderung nichts übrighaben.
e) Es gibt Behörden, die bei Umteilungswünschen nicht nach Lösungen suchen, sondern primär durch Unbeweglichkeit ihre Machtstellung verteidigen.

Auffallend ist jedoch, dass die Initiantinnen der Elternlobby Schweiz diese Probleme nicht offen ansprechen. Stattdessen sprechen sie davon, dass mit der freien Schulwahl auf die Vielfalt der Kinder besser eingegangen werden könne. Sie versprechen sich Schulen mit unterschiedlichen pädagogischen Profilen. Die Eltern könnten sich dann das für ihr Kind passende Profil auswählen und es dort anmelden. Dadurch soll die Chancengleichheit gefördert werden. «Qualitätssteigerung dank Wettbewerb» heisst das Motto.

Ich behaupte, dass die Idee der freien Schulwahl nicht wegen der ausgesprochenen Argumente der Elternlobby auf Unterstützung stösst, sondern wegen der oben beschriebenen realen Probleme an den heutigen Schulen. Diese Behauptung möchte ich in der Folge begründen.

Studien belegen alles und nichts

Ob für oder gegen die freie Schulwahl: Um wissenschaftlich zu belegen, was besser ist, gibt es für beide Seiten gute Argumente. An dieser Stelle stossen wir auf ein allgemeines Problem der Vergleichsforschung. Zwar können wir dank PISA bei den Leistungen Vergleiche anstellen. Schulsysteme werden jedoch von derart vielen Faktoren beeinflusst, dass wir bei den Erfolgsfaktoren letztlich immer Äpfel mit Birnen vergleichen.

Diesen Vorwurf muss man auch der jüngsten OECD-Studie (Schütz et al. 2007) machen, die als Hauptquelle für die Vorteile der freien Schulwahl verwendet wird. Die Studie kommt zum Schluss, dass Rechenschaftspflicht, Autonomie und freie Schulwahl die Leistungen der Schulen generell eher erhöhen als vermindern. Speziell die zusätzlichen Wahlmöglichkeiten (durch die öffentliche Finanzierung privater Schulen) führen laut der Studie zu einer starken Reduktion der Abhängigkeit des Schulerfolgs vom sozi-ökonomischen Status der Lernenden. Was für die einen der ultimative Beweis ist, dass die freie Schulwahl zu mehr Chancengleichheit führt, ist für andere nur eine willkürliche Mischung von Einflussfaktoren. Quasi als Gegenthese weisen sie auf die Realität hin und halten fest, dass sich die Schulen in vielen Ländern mit freier Schulwahl tendenziell sozial «entmischen». Besonders deutlich ist diese Entwicklung in Holland zu beobachten («Der Bund» 4.07.2008 und «Der Beobachter» 11.06.2008). In Schweden wiederum zeigt sich, dass von der freien Schulwahl praktisch nur Eltern aus der höheren Mittelschicht Gebrauch machen und sich das Phänomen auf die städtischen Zentren konzentriert («NZZ am Sonntag» 4.05.2008).

Ebenfalls zu anderen Schlüssen als die OECD-Studie kommt der Zürcher Erziehunsgwissenschafter Jürgen Oelkers. Er zeigt in verschiedenen Vorträgen (2007a, 2007b, 2008a, 2008b) und Interviews (u.a. Die «Südostschweiz am Sonntag» 29.06.2008) auf, dass es keine eindeutigen Befunde über die Wirkung der freien Schulwahl gibt. Hingegen weist er in seinem Referat «Innovation durch freie Schulwahl und Privatschulen?» (Oelkers 2008c) auf einen anderen wichtigen Punkt hin: Die meisten Privatschulen – und das gilt für die ganze Welt – haben eine religiöse Trägerschaft. In immer mehr Ländern sind die Regierungen bereit, diese mit staatlichen Geldern zu unterstützen. Oelkers erwähnt in diesem Zusammenhang das «bahnbrechende Urteil des Supreme Courts aus dem Jahr 2002», nach welchem die Förderung religiöser Schulen in den USA unter gewissen Bestimmungen legitim ist. Auch was die Eltern betrifft, ist gemäss Oelkers der Befund klar: Die meisten Eltern wählen religiöse Privatschulen.

Die Rückkehr der religiösen Schulen?

Die Stellung der Kirche im Schulwesen ist in den meisten Ländern das Resultat der jeweiligen Kulturkämpfe des 19. Jahrhunderts. Die Gleichstellung von privaten und öffentlichen Schulen in Holland geht auf einen langen Verfassungskampf zurück und gilt seit 1917. «Die beiden niederländischen Verfassungen von 1814 und 1815 haben religiöse Unterweisung in staatlichen und privaten Schulen untersagt» (Oelkers 2007c). Diese Position konnte in der stark polarisierten Gesellschaft des 19. Jahrhunderts nicht gehalten werden. Seit 1917 werden deshalb alle Schulen, auch solche mit religiöser Trägerschaft, vom Staat finanziert. Die heutige Schullandschaft in Holland zeigt die Dominanz der Religion im öffentlichen Schulwesen: Im Jahr 2000 waren nur 33 Prozent der Primarschulen öffentlich. Der Rest ist privat. Gut 60 Prozent der Schulen sind auf die beiden grossen christlichen Konfessionen ausgerichtet; 7 Prozent sind andere Privatschulen, darunter zunehmend auch muslimische.

Die Entstehung der schweizerischen Volksschule hat genau die umgekehrte Geschichte. Auch sie ist das Resultat des Kulturkampfes. Doch anders als in Holland war die staatliche, religiös neutrale

Volksschule die Antwort auf die eben überwundenen Konfessionskriege und trug wesentlich zur Gründung der Willensnation Schweiz bei. Die öffentliche Schule gilt in breiten Kreisen als der einzige verbleibende Ort, wo sich Menschen aus allen sozialen Schichten begegnen. Die Schule erfüllt damit eine grosse Integrationsleistung und ist Abbild des demokratischen Grundgedankens. Auch politisch ist der Volksschulgedanke nach wie vor verankert. Die SP Schweiz (2008) weist in der Einleitung ihrer Bildungsthesen darauf hin: «Die Volksschule blickt auf eine stolze und erfolgreiche Vergangenheit zurück. Für die Bildung des schweizerischen Bundesstaats, die Entwicklung der Demokratie und die Festigung des Grundwertegefüges unseres Landes war und ist sie von entscheidender Bedeutung.» Auch wenn keine Umfrageergebnisse vorliegen: Wir können davon ausgehen, dass in der Schweiz keine politische Mehrheit zur Förderung von Schulen mit religiöser Trägerschaft zu finden wäre. Trotzdem versuchen die gegenwärtig diskutierten Initiativen in der Schweiz diesen Schulen die Türen zu öffnen. Zwar wird in den erwähnten Initiativen erwähnt, dass Kinder nicht aus religiösen Gründen abgewiesen werden dürften. Zur Frage der Trägerschaft macht die Initiative aber keine Einschränkungen. Und so überrascht es nicht, dass die Unterstützung in diesen Kreisen gross ist (Spektrum 2008).

Die Argumente unter der Lupe

Wenn Studien nicht weiterhelfen, hilft nur noch selber denken. Schauen wir uns deshalb die einzelnen Argumente an, die hierzulande von den Befürworterinnen und Befürwortern der freien Schulwahl ins Feld geführt werden.

Freie Schulwahl stärkt die Chancengleichheit

Mit der freien Schulwahl soll es Eltern möglich werden, ihr Kind in eine Schule zu schicken, die den Bedürfnissen des Kindes optimal entspricht. Die Elternlobby lässt die Frage offen, aufgrund welcher Kriterien Eltern dies herausfinden sollen. Mundpropaganda? Werbung der Schule? Informationsveranstaltungen? Wie weiss ich, ob mein Kind in einer Freinet-Schule besser zurechtkommt als in einer Schule, die nach konventionellen pädagogischen Methoden arbeitet? Und wie finden jene Eltern die beste Schule, die eh schon grosse Schwierigkeiten haben, sich in der heutigen Gesellschaft zu orientieren? Was passiert, wenn sich zu viele Schülerinnen und Schüler für eine Schule angemeldet haben? Wie wird Risikoselektion verhindert, also das Bemühen der Schulen, Eltern auf Distanz zu halten, die sie als schwierig einstufen?

Auf all diese Fragen haben die Initiantinnen keine befriedigende Antwort. Und eine zusätzliche wird gar nicht erst gestellt: Haben Eltern tatsächlich ein Interesse an der Chancengleichheit? Die Erfahrungen aus Ländern mit freier Schulwahl zeigen ein anderes Bild: Immer wieder kommt es vor, dass besser situierte Eltern mit der Abmeldung von der Schule drohen, wenn weitere «schwierige Kinder» aufgenommen würden. Hinweise auf die Tatsache, dass gerade bildungsbewusste Eltern primär daran interessiert sind, einen Vorteil für ihr Kind anzupeilen, zeigt auch ein Artikel in der NZZ (12.07.2008) unter dem provokativen Titel «Eltern im Laufgitter». Darin wird festgehalten, dass Eltern die Möglichkeit behalten sollten, ihren Kindern daraus einen Vorteil zu verschaffen, dass sie ihnen bei den Hausaufgaben tatkräftig zur Seite stehen. Würden die individuellen Aufgaben innerhalb der Schule erledigt, wie das beispielsweise bei Tagesschulen der Fall ist, raube man den Kindern aus privilegierten Familien diesen Vorteil. Deshalb seien obligatorische Tagesschulen abzulehnen. Vor diesem Hintergrund muss ich festhalten: Es gibt keine plausiblen Überlegungen, weshalb die Einführung der freien Schulwahl in der

Schweiz zu mehr Chancengleichheit führen sollte. Eher ist das Gegenteil zu erwarten.

Freie Schulwahl fördert innovative Schulen

Wettbewerb fördert Innovation. In der Tat leisten Privatschulen oft Pionierarbeit. Und viele Lehrkräfte, die ihre pädagogischen Ideen in der Volksschule nicht verwirklichen können, finden in diesen kleinen innovativen Schulen eine sehr anregende Umgebung, die sie zu grossen Leistungen anspornt. Privatschulen als pädagogische Labors sind erwünscht. Und es soll auch möglich sein, dass Kinder mit besonderen Bedürfnissen nach entsprechenden Abklärungen solche Schulen mit staatlicher Unterstützung besuchen können. Doch die Frage stellt sich in Bezug auf die freie Schulwahl anders. Wären die Schulen auch dann noch innovativ, wenn quasi alle Schulen frei zu wählen wären? Gibt es genügend Eltern, die innovative Schulen für ihre Kinder suchen, oder wäre nicht eher jene Schule am beliebtesten, die möglichst konservativ unterrichtet? Sind die Eltern tatsächlich die Motoren für schulische Erneuerung? Haben sie das dazu nötige Wissen, oder orientieren sie sich nicht gerade aufgrund des fehlenden Wissens an dem, was ihnen bekannt ist?

Der Vergleich mag etwas weit hergeholt zu sein, trotzdem: Haben die vielen Privatradios wirklich zu einer grösseren Programmvielfalt geführt, oder haben sich nicht alle um den allgemeinen Mainstream herum gruppiert? Reformen beschleunigen zu wollen durch die freie Schulwahl, geht von der falschen Annahme aus, dass die grosse Mehrheit der Eltern solche Reformen befürwortet. Das Gegenteil dürfte der Fall sein. Schulische Innovation, angefangen von der Schulpflicht im 19. Jahrhundert bis zu den aktuellen Fragen im Zusammenhang mit Fremdsprachen oder Mundart, mussten teilweise gegen den Willen der Eltern eingeführt werden. Erst nach einer gewissen Zeit und wenn erkennbar wird, dass das eigene Kind von den Neuerungen profitiert, werden diese breit akzeptiert.

Freie Schulwahl bringt bessere Lehrkräfte

Hier taucht eine zentrale Frage auf, über die sich die Initiantinnen ausschweigen. Geht es um die freie Schulwahl, oder geht es um die freie Wahl der Lehrerin oder des Lehrers? Konsequenterweise müssten wir das Letztere erwarten. Wesentlich entscheidender als das Schulhaus ist für den Schulerfolg eines Kindes die Lehrerin oder der Lehrer. Falls es tatsächlich um die freie Wahl der Lehrperson geht, müssen wir uns fragen, nach welchen Kriterien Eltern diese beurteilen. Aus eigener Erfahrung wissen wir, dass gerade in kleineren Gemeinden die richtige Vereinsmitgliedschaft viel entscheidender für die «Volksmeinung» ist als die tatsächliche pädagogische Qualität.

Ich frage mich deshalb ähnlich wie bei der Innovation, inwiefern Beurteilungen by Stammtisch jene Lehrkräfte für diesen exponierten Beruf motivieren, die nicht in erster Linie ihre Sympathie-Sporen im Turnverein abverdienen, sondern engagiert und allenfalls auch neuartig unterrichten wollen.

Mehr Probleme als Lösungen

Wenig Antworten sind von den Befürworterinnen und Befürwortern der freien Schulwahl zu den konkreten Fragen zu hören. Doch gerade hier zeigt sich, ob die Idee durchdacht, umsetzbar und überhaupt ernst gemeint ist. Wir wählen vier Fragestellungen:

Akkreditierung und Kontrolle

Eltern sollen gemäss den Initiantinnen unter den öffentlichen Schulen sowie unter jenen privaten Schulen wählen, die nicht gewinnbringend arbeiten. Die Schulen dürfen grundsätzlich keine Schülerinnen und Schüler abweisen sowie sich an den staatlichen Lehrplan halten. Während die erste und die dritte Bedingung mit vertretbarem Aufwand zu kontrollieren sind, stellen sich bei der zweiten Bedingung grosse Probleme. Wie will der Kanton sicherstellen, dass die Schule bei der Auswahl der Schülerinnen und Schüler keine Selektion betreibt? Aus dem Gesundheitswesen wissen wir, wie subtil Krankenkassen Risikoselektion betreiben. Ähnliches wäre auch hier zu erwarten: Informationsmaterial, das nur in einer Landessprache abgefasst ist, Werbebotschaften, die sich bewusst an gewisse Zielgruppen wenden, zurückhaltende Auskünfte auf Anfragen «nicht erwünschter» Klienten sind gängige Methoden.

Qualitätsausweise

Mehr Qualität dank Wettbewerb wird durch die freie Schulwahl versprochen. Wenn Eltern wählen können, würden schlechte Schulen bald verschwinden, behaupten jene, die hinter der freien Schulwahl stehen. Aber aufgrund welcher Kriterien sollen Eltern die Schule ihrer Kinder wählen? Wer legt die Qualität einer Schule fest? Und wer kann voraussagen, welche Kinder mit welcher Lehrerin respektive welchem Lehrer gut oder weniger gut zurechtkommen?

Übrigens: Eltern sollen gemäss Initiative für die freie Schulwahl jenes Schulprofil wählen, das ihrem Kind am besten entspricht. Nimmt man diesen Punkt ernst, muss man davon ausgehen, dass Geschwister nicht in dieselbe Schule gehen. Meist sind sie nämlich so unterschiedlich, dass sie kaum vom selben Schulprofil angesprochen werden.

Aufnahmeverfahren

Angenommen, an einer Schule melden sich auf 3 freie Plätze 40 Kinder zu viel an. Wer wählt die drei Kinder aus? Aufgrund welcher Kriterien? Wie werden allfällige Kriterien definiert? Was, wenn mehr als drei Kinder diese Kriterien erfüllen? Welche Kinder gelten als «gesetzt»? Haben die nicht berücksichtigten Eltern ein Rekursrecht? Wer entscheidet darüber? Wie sind solche Verfahren zeitlich zu managen? Wohin müssen die 37 übrig gebliebenen Kinder? Was passiert, wenn sie auch bei der nächsten Schule abgewiesen werden? Fragen über Fragen, die auch nach monatelangen Debatten nicht beantwortet sind.

Transport

Die freie Schulwahl ist zwingend mit der Frage des Schulweges verbunden. Wie viele Kinder haben überhaupt die Möglichkeit, ohne Unterstützung von Erwachsenen mehr als ein Schulhaus zu erreichen? Wer ist für den Transport aller übrigen Kinder zuständig, bei denen drei Kinder vom Dorf A ins Dorf B, vier Kinder ins Dorf C, nochmals ein Kind ins Dorf E und zwei Kinder vom Dorf D ins Dorf B wollen? Wie wird die Chancengleichheit gewahrt, wenn die Eltern den Transport übernehmen müssen? Welche Eltern verfügen über zwei Autos und genügend Zeit für solche Transporte? Oder soll gar die öffentliche Hand dafür aufkommen? Wäre es nicht gescheiter, dieses Geld in die Schule statt ins Herumfahren der Kinder zu investieren?

An den tatsächlichen Problemen vorbei

Die obigen Überlegungen zeigen klar: Die Idee der freien Schulwahl ist vielleicht gut gemeint, aber nicht zu Ende gedacht. Sie funktioniert weder in der konkreten Umsetzung, noch erreicht sie angestrebte Ziele wie bessere Chancengleichheit, mehr Innovation oder bessere Lehrkräfte. Je genauer ich mich mit der Forderung auseinandersetze, desto mehr bekomme ich den Eindruck, dass die Idee nur für eine bestimmte Klientel gedacht ist: Die Forderung nach freier Schulwahl richtet sich nicht an die grosse Mehrheit, sondern letztlich an eine kleine Gruppe städtischer, bildungsbewusster Mittelschichtseltern mit eher überdurchschnittlich begabten Kindern. In diesem Milieu ist die Kritik an der heutigen öffentlichen Schule besonders gross. Im Vordergrund steht dabei das Gefühl der Ohnmacht. Diese Eltern wissen um den Wert einer guten Ausbildung. Sie haben Angst, dass sie bei Problemen dem System ausgeliefert sein könnten, weil sie nicht die finanziellen Mittel haben, um ihre Kinder an eine Privatschule zu schicken. Diesen Eltern geht es nicht um die Argumente, mit denen die Initiative verkauft wird. Diesen Eltern geht es um die Probleme der heutigen Schule, wie sie oben skizziert sind. Das spontane Ja zur freien Schulwahl ist damit meist ein Ventil für die unausgesprochene Kritik am heutigen Schulsystem.

Bei allem Verständnis für diese Gefühlslage: Die Bildungspolitik darf daraus nicht die falschen Schlüsse ziehen. Statt einen riesigen Umweg über die freie Schulwahl zu machen, müssen die Probleme direkt angegangen und gelöst werden. Es sind nicht die in einem unverfänglichen Politjargon formulierten Argumente, die es wert sind, die Initiative ernst zu nehmen. Ernst nehmen müssen wir sie, weil viele Eltern sie zum Anlass nehmen, ihre Unzufriedenheit mit dem heutigen System auszudrücken.

Weder mit der pauschalen Forderung nach mehr Geld noch mit der freien Schulwahl können wir die Probleme der heutigen Schule lösen. Dazu braucht es in wesentlichen Punkten Änderungen in unseren Köpfen. Was braucht ein Kind? Wie, wo und wann lernt ein Kind? Welche Rolle haben Lehrerinnen und Lehrer? Wie arbeiten Schule und Elternhaus zusammen? Wie ist die Schule von morgen organisiert? Wie ist sie gesteuert? Diese und andere Fragen möchte ich im dritten Teil des Buches beantworten.

Schule der Zukunft

Lernen fördern und Vertrauen gewinnen

«Mir hat der erste Schultag gefallen, denn ich will schon in die Schule, seit ich vier Jahre alt bin. Ich mache auch gerne Aufgaben und mag Rechnen und Lesen. Am liebsten habe ich Sachen, die ich nicht kenne und die besonders sind.»

Jenostica, Erstklässlerin

Mitten im Aufstieg zum Gipfel

Die bildungspolitischen Wegweiser zeigen in alle Richtungen. Die einen wollen zurück, die anderen zwar nach oben, aber auf verschiedenen Wegen. Es lohnt sich, kurz innezuhalten und die Karte genau anzuschauen. Der Ausgangspunkt ist klar: Die Schweiz ist auf ein gutes Bildungssystem angewiesen. Noch nie spielte die Schule in der Gesellschaft eine so wichtige Rolle wie heute. Noch nie waren Schulerfolg und Lebensperspektiven so eng miteinander verbunden. Folglich haben die Kinder das Recht auf eine hervorragende Schule. Doch welcher Weg dahin ist der richtige? Was läuft gut, und wo liegen die Probleme?

Eines ist unbestritten: Wir sind auf dem Weg zum Gipfel schon sehr weit. Die Volksschule erbringt gute Leistungen: Mehr als 96 von 100 Kindern besuchen die öffentliche, unentgeltliche Schule. Sie erreichen dort Resultate, die im internationalen Vergleich zwar nicht Spitze sind, aber auch nicht abfallen. Rund 20 Prozent der Schülerinnen und Schüler besuchen nach der Volksschule ein Gymnasium, das ihnen den Weg zur Universität öffnet. Die grosse Mehrheit macht eine Berufslehre, schliesst diese nach drei oder vier Jahren erfolgreich ab und schafft anschliessend den Sprung in den Arbeitsmarkt oder in eine weiterführende Ausbildung. Die Jugend ist trittsicher, zufrieden und optimistisch. Das belegen die jüngeren Studien. Wir können wohl behaupten, dass wir noch nie eine so gute Jugend hatten wie heute. Sowohl bezüglich Schulleistungen als auch bezüglich Intelligenz, Sozialverhalten und Werthaltung kann der Jugend von heute nur gratuliert werden (Schultheis et al. 2008). Dazu leisten sowohl die Schule mit ihrem täglichen Engagement als auch die Eltern durch ihre Erziehung einen entscheidenden Beitrag.

Wenn wir den Gipfel erklimmen wollen, können wir hier jedoch nicht ausruhen und stehenbleiben. Wir müssen auch den letzten Teil des Weges in Angriff nehmen. Er ist steil und voller Stolpersteine. Um uns nicht zu verirren, müssen wir uns an die Wegmarken halten. Als Wegmarken dienen die Schwachstellen der heutigen Bildungspolitik. Deshalb sollen sie hier im Zentrum stehen:

Probleme des heutigen Systems aus Sicht der Kinder

1. Trotz guter Leistungen schwindet das Vertrauen in die Schule. Politisch sehe ich diesen Vertrauensschwund in den Referenden gegen das Koordinationsprojekt HarmoS, aber auch in den Initiativen für eine freie Schulwahl. Im Gespräch höre ich es in den vielen Klagen der Eltern, der Verunsicherung der Lehrkräfte und den Forderungen der Wirtschaft.
2. Viele Kinder sind nicht glücklich in der Schule. Zu oft erlischt die Freude am Lernen und damit auch das Interesse am lebenslangen Lernen.
3. Nahezu ein Fünftel aller Schulabgängerinnen und -abgänger verfügt am Schluss der obligatorischen Schulzeit über ungenügende Basiskenntnisse in Lesen, Schreiben und Rechnen. Eine schlechte Schulbildung führt in der Regel zu schlechten Chancen auf dem Arbeitsmarkt und damit zu geringem Einkommen. Oft sind Ar-

mut und Abhängigkeit die Folge. Und Armut überträgt sich in hohem Masse auf die nächste Generation. Damit entsteht ein unheilvoller Teufelskreis.

4. Die Schweiz gibt pro Schülerin und Schüler überdurchschnittlich viel Geld aus. Die Leistungen sind im internationalen Vergleich jedoch nur durchschnittlich. Damit stellt sich die Frage der Effizienz.
5. Die Schule zementiert Herkunftsunterschiede. Hauptgründe dafür sind die fehlende Frühförderung, die Teilzeitschule, die über Hausaufgaben einen bedeutenden Teil des Bildungsauftrags an die Familien delegiert, die frühe Selektion auf Basis unklarer Kriterien, die Zusammensetzung der Klassen, die Unterrichtsqualität sowie die Ausbildung und die Eignung der Lehrkräfte.
6. Wir investieren zu wenig in den frühkindlichen Bereich. Obwohl wir längst wissen, dass die ersten fünf Jahre massgeblich sind für den Schul- und Lebensverlauf, schauen wir weg und überlassen es dem Zufall, ob ein Kind in den ersten Lebensjahren die Förderung bekommt, auf die es Anspruch hat.
7. Die Schule ist zu normorientiert. Statt sich konsequent an der Verschiedenheit der Kinder auszurichten, sondert sie immer mehr Kinder aus. Damit steigt die Anzahl der Schülerinnen und Schüler mit sonderschulischen Massnahmen. Dies schmälert den Schulerfolg der betroffenen Kinder, schwächt die Chancengleichheit und nimmt Geld in Anspruch, das anderswo fehlt.
8. Die Schule bietet zu wenig Spielraum für die verschiedenen Aufgaben, die sie hat. Die zerstückelten Tagesabläufe in den Teilzeitschulen verunmöglichen einen zeitgemässen Unterricht.
9. Unser Bildungssystem reiht Schulstufen aneinander und sorgt sich zu wenig um die Übergänge. Für die Vorschulstufe fehlen pädagogische Vorgaben und Entwicklungsziele. Die einzelnen Lehrpläne sind weder sprachregional noch bezüglich der Stufen aufeinander abgestimmt.

10. Trotz demokratisch gewählten Behörden fehlt es an tatsächlicher Mitbestimmung. Die Zusammenarbeit zwischen Schule und Eltern sowie der Einbezug der Kinder in die Gestaltung des Schulalltags sind kaum entwickelt.
11. Die Strukturen an unseren Schulen sind zu kompliziert. Es ist unklar, wer welche Verantwortung trägt und was für wen verbindlich gilt. So haben Schulen bis heute keine Rechenschaftspflicht darüber, wie sie die Ziele erreichen.

Fazit: Wir sind gut, aber nicht gut genug. Was die nordischen Länder aufgrund ihrer peripheren Lage schon längst gemerkt haben, müssen auch wir anerkennen: Wir brauchen jedes Kind, wir brauchen sein Potenzial, aber auch seine Lern- und Leistungsbereitschaft. Und das erreichen wir nur, wenn die Schule künftig mehr leistet als heute. Ein Land, dessen wichtigster Rohstoff die Bildung ist und das sich auf eine Wirtschaft mit immer anspruchsvolleren Tätigkeiten stützt, kann es sich nicht erlauben, dass jeder fünfte Jugendliche mit ungenügenden Grundkenntnissen aus der Schule entlassen wird und dass die Herkunft und nicht die Leistung über den Bildungserfolg entscheidet.

Reformen in der Krise

Bildungsfachleute und Politik sind sich weitgehend einig: Wir stehen mitten in einem Umbruch der Volksschule. Einig sind sich die Fachleute auch, dass weder der Ruf nach mehr Geld noch die Forderung nach freier Schulwahl die Probleme wirklich lösen. Stattdessen treiben die Kantone und ihre Bildungsdirektionen mit Hochdruck verschiedene Reformen voran. Sie versuchen, den Reformstau abzutragen und auf die aufgeworfenen Fragen passende Antworten zu finden. Mit dem neuen Volksschulkonkordat zur Harmonisierung der Volksschule (HarmoS) der schweizerischen Konferenz der Erziehungsdirektorin-

Kleine Kinder und Bildung im Alltag – die Kita Chlostergarte in Wettingen

Dass frühkindliche Bildung sehr viel mit der Orientierung an den Bedürfnissen des Kindes zu tun hat, zeigt die Kita Chlostergarte in Wettingen. Mit dem Leitsatz «Hilf mir, es selbst zu tun» gibt sich die Kita selber vor, woran sie sich konsequent orientiert: Sie beobachtet und begleitet die Kinder und hilft ihnen das zu erreichen, was sie können. In der Kita Chlostergarte steht die Entwicklung des einzelnen Kindes im Zentrum. Daher plant das Team viele Blöcke ein, in welchen die Kinder selbständige Entscheide treffen können.

So werden die Mahlzeiten so angeboten, dass sich die Kinder selber schöpfen können. Anstelle von zu schweren Krügen und unerreichbar hoch platzierten Schüsseln gibt es ein Buffet, an dem sich die Kinder bedienen können. Sie entscheiden, was und wie viel sie essen. Gleichzeitig lernen sie beim Essen-Herumtragen ganz nebenbei motorische Fähigkeiten und erleben physikalische Gesetze beim Nachfüllen des Tees.

Zum Kita-Leitsatz gehört auch, dass jedes Kind seine Stärken erleben kann. So werden etwa im Projekt «Weltreise» während zweier Monate alle Länder durchreist, aus denen die Kita-Familien stammen. Die Kinder bringen von zu Hause Musik, Essen, Kleider, Bücher und Fotos mit und gestalten mit der Kita-Team die Präsentation. Das Kind wird zum Gastgeber und Experten, die Kita-Kollegen und Erzieherinnen sind begeisterte Gäste. Ein Projekt, das die Kinder mit ihren einzigartigen Geschichten ins Zentrum stellt und dabei erst noch wertvolle Elternarbeit ermöglicht.

nen und -direktoren (EDK)[11] wagen sie sogar einen sehr grossen Schritt.

In den meisten Kantonen wurden in den vergangenen Jahren die Volksschulgesetze grundsätzlich revidiert, in anderen sind umfassende Reformen geplant. Im Zentrum stehen dabei folgende Themen: Eingangsstufe, Blockzeiten, Tagesstrukturen, Fremdsprachenunterricht und Elternmitwirkung. Je nach Kanton geht es zusätzlich noch um die Aufteilung der Schuljahre zwischen Primar- und Oberstufe sowie um die Neugestaltung der Oberstufe.

Wer ist die EDK?

Die Schweizerische Konferenz der Erziehungsdirektoren setzt sich aus den 26 kantonalen Bildungsdirektorinnen und Bildungsdirektoren zusammen. Gestützt auf einen verbindlichen Staatsvertrag von 1970 ist sie für die Harmonisierung der kantonalen Bildungssysteme verantwortlich. Sie arbeitet subsidiär und erfüllt Aufgaben, die die Kantone nicht wahrnehmen können. Sie ist kein nationales Bildungsministerium, sondern eine Koordinationsbehörde. (Aus dem EDK-Portrait; EDK 2008f)

Der Trend dabei ist klar: Beim Schuleintritt kommt man weg von der klaren Trennung zwischen Kindergarten und Schule und setzt auf Grund- oder Basisstufen. Damit wird anerkannt, dass sich Kinder in unterschiedlichem Tempo entwickeln und der Übergang zwischen Spielen und schulischem Lernen fliessend ist. Mit den Blockzeiten und dem Ausbau der Tagesbetreuung werden erste Schritte in Richtung Tagesschulen gemacht. In diesem Feld beschränken sich die Re-

11 Noch vor einigen Jahren war der Begriff «Erziehungsdirektion» üblich. Heute setzt sich immer mehr der Begriff Bildungsdirektion durch. Die Konferenz aller entsprechenden kantonalen Direktionen heisst aber immer noch Erziehungsdirektorenkonferenz (EDK).

formen allerdings ausschliesslich auf die Strukturen. Pädagogische Überlegungen oder gar Konzepte fehlen praktisch vollständig. Beim Fremdsprachenunterricht geht es in erster Linie um die Frage, wann mit welcher Fremdsprache begonnen werden soll. Weil die Fremdsprachen mehr oder weniger dem bisherigen Fächerkatalog angehängt werden, erwecken sie den Eindruck von Zusatzbelastung und werfen die Frage nach der Überforderung von Lehrkräften und Kindern auf. Die Elternmitwirkung als letzter grosser Reformaspekt steckt bis heute in den Anfängen. Zwar sind erste Konzepte vorhanden, aber es ist unklar, welchen Mehrwert diese neue Zusammenarbeit zwischen Schule und Elternhaus dereinst bringen wird.

Politisch ist der Wille da, die Schule fitter zu machen. Die angestossenen Reformpakete haben allerdings zwei Haken: Mit Ausnahme der Eingangsstufe verstehen sie sich in erster Linie als Anpassungsschritte an die sich veränderte Gesellschaft. Damit liegt der Schwerpunkt nicht auf der Pädagogik und damit auf dem Wohl der Kinder, sondern auf den Strukturen. Es wird der Eindruck erweckt, dass die Schule etwas tun muss, das gar nicht in ihrem Interesse liegt. Dies spiegelt sich etwa in der Haltung: «Die Schule und die Kinder zahlen den Preis dafür, dass es immer mehr Ausländer gibt und dass die Frauen nicht mehr zu Hause bleiben wollen.» Die Schule und die Kinder werden als Opfer gesellschaftlicher Entwicklungen dargestellt. Hier liegt der Ursprung des politischen Widerstandes gegen die Reformen.

Ein anderer Haken liegt in der Umsetzung. Weil der politische Spielraum in der Regel sehr eng ist, reiht sich Teilreform an Teilreform. Für Auswertungen bleibt kaum Zeit; und ob die Reihenfolge der Projekte stimmt, ist auch nicht immer ganz klar. Das führt bei den Betroffenen zu einer breiten Reformskepsis. Und weil die Reformen nun bereits seit Jahren ein Thema sind, stellt sich eine gewisse Reformmüdigkeit ein. Auffällig ist die skeptische Grundhaltung zum Thema Veränderung. Obwohl Schulen Orte des

Lernens sind, haben sie Mühe, sich zu verändern und etwas dazuzulernen.

Neues Volksschulgesetz im Kanton Zürich

Am 5. Juni 2005 hat die Zürcher Stimmbevölkerung mit gut 70 Prozent dem neuen Volksschulgesetz deutlich zugestimmt. Mit dem neuen Volksschulgesetz werden zum einen die rechtlichen Grundlagen für die Volksschule den heutigen Gegebenheiten angepasst, zum anderen werden verschiedene – in den letzten Jahren erprobte – Reformelemente verbindlich vorgeschrieben. (Bildungsdirektion Kanton Zürich 2008d)

Das neue Volksschulgesetz bringt Neuerungen in den verschiedensten Bereichen. Dazu gehören sowohl die Einführung der geleiteten Schule, die pädagogische Schwerpunktsetzung und Blockzeiten als auch die Pflicht für Gemeinden, den Bedarf an schulergänzender respektive familienergänzender Betreuung abzuklären und entsprechende Angebote zu schaffen. Die Kantonalisierung des Kindergartens führt unter anderem zu einer Ausweitung der Schulpflicht. (Bildungsdirektion Kanton Zürich 2008e)

Die Ausführungen in den vorhergehenden Kapiteln haben klar gemacht, dass die Schule dringend reformiert werden muss. Sie ist keine Insel der Glückseligen, die unbehelligt und unberührt von der übrigen Wirklichkeit weit draussen im Meer liegt. Im Gegenteil: Unsere Bildungsinstitutionen sind soziale und gesellschaftliche Brennpunkte. In ihnen findet das aktuelle und tatsächliche Leben statt. Sie sind mittendrin. Sie sind ein Teil der gesellschaftlichen Entwicklung. Deshalb müssen sie in einem ständigen Dialog mit der Gesellschaft stehen und sich selber als lernende Organisation wahrnehmen.

Davon ist die Schule im Moment weit entfernt. Egal, ob wir mit Kindern, Lehrkräften, Eltern oder Lehrmeistern sprechen: Die Schule steht in der Kritik. Viele Kinder stehen unter grossem Druck, haben gar Angst vor der Schule. Sie können längst nicht das leisten, zu dem sie eigentlich fähig wären. Die Lehrkräfte fühlen sich alleine gelassen. Sie stehen zwischen allen Fronten und sehen sich als Angestellte einer Reparaturwerkstatt für gesellschaftliche Fehlentwicklungen. Die Eltern beklagen sich über die mangelnde Kommunikation. Die Lehrmeister kritisieren, dass die heutigen Lehrlinge nicht einmal mehr Basiskenntnisse in Lesen und Schreiben hätten. Und als ob das nicht genug wäre, kritisieren sich auch die Lehrkräfte gegenseitig: Die jeweils höhere Stufe rümpft über die Leistungen der tieferen die Nase. Und die tiefere fühlt sich missverstanden und ist überzeugt, dass ihr immer grösserer Einsatz in immer schwierigeren Umständen verkannt wird. Und so kämpft die Unterstufe gegen den Kindergarten, die Mittel- gegen die Unterstufe, die Oberstufe gegen die Mittelstufe und das Gymnasium gegen die ganze Volksschule.

Offen muss hier die Frage bleiben, inwiefern ein Teil der Lehrerschaft das Seinige zum schlechten Image beiträgt. Immer wieder ausfallende Lektionen oder Halbtage, Kinder, die mitten am Tag nach Hause geschickt werden, weil der Lehrer eine Sitzung hat, Weiterbildung während der Schulzeit, kurzfristige Aufforderungen an die Eltern, den Kinder am nächsten Tag einen Lunch, Stoffresten oder was auch immer mitzugeben, oder auch fehlerhafte Briefe sowie Elternabende, bei denen den Eltern nicht auf Augenhöhe begegnet wird: Wie überall sind es wohl wenige schwarze Schafe, die das Image aller beschädigen.

Weshalb gelingt in der Schweiz nicht, was beispielsweise in Finnland spielend zu gelingen scheint, nämlich eine Kultur zu schaffen, in der das permanente Hinterfragen der aktuellen Leistungen und der permanente Wille, die Schule zu verbessern, normal sind?

Ich sehe zwei Gründe: Der erste ist politisch: Wir haben uns zu lange auf den vermeintlichen Lorbeeren ausgeruht: «Die Schweiz hat das beste Schulsystem» galt als Dogma, das niemand zu hinterfragen wagte. Diese Selbstgerechtigkeit hat uns über lange Jahre geprägt. «Veränderungen bringen nur eine Verschlechterung» lautete das Credo. Schulreformen waren über eine ganze Generation hinweg beinahe ein Fremdwort.

Der zweite Grund liegt in der Schule selbst. Unsere Schule ist zu normorientiert. Irgendwie ist das Bild von Kindern, die in Reih und Glied in den Bänken sitzen und darauf warten, von Erwachsenen belehrt zu werden, in unseren Köpfen noch nicht ganz ausgelöscht. Frontalunterricht und Sonderschulung waren die Methoden dieser Schulepoche. Einzelne halten gar an ihr fest. Die lernpsychologische Steinzeit ist noch nicht überwunden.

Beide Haltungen prägen die Schulkultur und schlagen bis zur Berufswahl durch. Nicht in erster Linie Leute, die das Neue und die Veränderung lieben, werden Lehrerin oder Lehrer. Und nicht in erster Linie Leute, die von der Vielfalt der Kinder begeistert sind, wählen diesen Beruf. Das ist fatal.

Mit der Scheu vor Veränderungen und der Sehnsucht nach Norm werden wir die Herausforderungen der Zukunft nicht meistern können. Wir brauchen deshalb einen durchgehenden Kulturwandel an den Schulen, der auf zwei Grundsätzen aufbaut:

1. Lernen ist Beziehungsarbeit.
2. Schule ist Teamarbeit.

Erfolgreiches Lernen für alle an der Nordstrasse

Keine Sonderklassen, Schüler verschiedenster Herkunft mit unterschiedlichem Potenzial, jahrgangsgemischte Klassen, selbständiges Lernen – funktioniert das? Ja, es kann. Das zeigt die öffentliche Primarschule Nordstrasse in Zürich, welche die integrative Schulungsform (ISF) mit 180 Kindern vom Kindergarten bis zur Mittelstufe konsequent umsetzt. Jeweils drei Jahrgänge sitzen gemeinsam in einer Klasse. Hochbegabte, hyperaktive und körperlich behinderte Kinder mit oder ohne Lese-, Schreib- und Rechenschwäche befinden sich in derselben Klasse.

Ursula von Arx (2008) beschreibt den Schulalltag an der Nordstrasse: Frontalunterricht findet hier nicht statt. Die Kinder arbeiten selbständig im Schulzimmer verteilt. «Hier soll jeder Schüler die Verantwortung fürs Lernen selber übernehmen können, wenn auch in einem streng vorgegebenen Rahmen.» Alle drei Wochen wird ein neues Thema angeschnitten, die Schülerin und der Lehrer überprüfen die Erreichung der Lernziele, und alle vier Wochen findet eine Lernberatung des einzelnen Kindes beim Lehrer statt.

Indem die Schüler und Schülerinnen die speziell entwickelten Übungsblätter auf den unterschiedlichen Schwierigkeitsstufen selbständig lösen und korrigieren, wird der Lehrer zum Coach. Er vermittelt nicht einfach Wissen an der Wandtafel, sondern unterstützt die Kinder bei ihrem jeweils individuellen Lernprozess. Jedes in seinem Tempo und doch eng begleitet. So kann die Lehrperson der grossen Bandbreite an Fähigkeiten und Potenzialen, aber auch Schwierigkeiten gerecht werden. Die Leitsätze der Schule hängen im Lehrerzimmer: «Jedes Kind hat Erfolg» und «Niemand wird beschämt».

(Von Arx, Ursula [2008]: «Die Wohlfühlschule». Das Magazin Nr. 6/2008)

Plädoyer für eine moderne Schule

«Erkläre mir, und ich vergesse.
Zeige mir, und ich erinnere.
Lass es mich tun, und ich verstehe.»

Konfuzianische Weisheit

Die Schule der Zukunft steht demzufolge auf zwei Pfeilern: erstens auf einem modernen Verständnis von Pädagogik und zweitens auf einem modernen Verständnis von Schulorganisation. Statt Normalität braucht es Chancengleichheit für alle Individuen, und statt einem Korsett von Strukturen braucht es mehr Verantwortung, mehr Verbindlichkeit und dadurch mehr Vertrauen. Was meine ich damit?

Für eine moderne Pädagogik

Beginnen wir mit der Pädagogik. Was muss die Schule? Der schwedische Lehrplan bringt es auf den Punkt: «Die Schule hat die Aufgabe, Lernen zu fördern und den Einzelnen anzuregen, Wissen zu erwerben.» Es geht beim Unterrichten der Kinder nicht darum, ihnen etwas beizubringen, sondern ihnen etwas zu ermöglichen. Im Kern geht es um die Frage, wie Kinder lernen und wie wir sie dabei unterstützen können. Dazu müssen wir vom Kind aus denken.

Ausgangspunkt sind folgende Erkenntnisse:

- Kinder sind neugierig und lernen gern. Sie sind aktive, kompetente Wesen, die aus eigenem Antrieb ihre Umgebung erforschen und sich die Welt aneignen.
- Bildung beginnt bei der Geburt. In den ersten Lebensjahren werden die Grundsteine für die späteren Bildungschancen gelegt.

- Die Gleichung «Bildung gleich Schule gleich Unterricht» greift viel zu kurz. Bildung findet vor, nach und in der Schule statt.
- Jedes Kind lernt anders. Jedes Kind hat ein individuelles Entwicklungstempo. Entwicklung und Lernen passiert im Wechselspiel zwischen Veranlagung und Umgebung. Unterforderung und Überforderung hemmen und schaffen Druck.

Kinder wollen lernen

Kinder kommen als kompetente, wissensbegierige, eigenaktive und neugierige Wesen zur Welt. Es gibt für kleine Kinder nichts Spannenderes, als zu lernen und die Welt zu entdecken. Die grossen Lernfortschritte machen die Menschen ganz am Anfang ihres Lebens, und sie machen sie von sich aus. Man kann kleinen Kindern nichts beibringen, für das sie nicht von ihrer Entwicklung her bereit sind. Und man kann die Reihenfolge der Schritte nicht von aussen steuern. Die Variabilität bei den kleinen Kindern ist beachtlich. Diese Erkenntnisse haben wir vor allem dem Kinderarzt Remo Largo (2007) zu verdanken: «Alle Entwicklungsstadien und Verhaltensweisen treten von Kind zu Kind in unterschiedlichem Alter auf und sind unterschiedlich ausgeprägt.»

Eltern, die ihren Kindern möglichst früh Chinesisch oder Geigenspielen beibringen wollen, um ihnen einen Startvorteil gegenüber anderen Kindern zu ermöglichen, sitzen nach neuen Erkenntnissen einem lernpsychologischen Irrtum auf. «Das Gras wächst nicht schneller, wenn man an ihm zieht», zitiert die Entwicklungspsychologin Margrit Stamm (2008) ein afrikanisches Sprichwort. Zwar kann man Kindern gewisse Tätigkeiten antrainieren. Wenn diese aber nicht ihren tatsächlichen Fähigkeiten entsprechen, verlieren sie im Laufe der Schulzeit den Vorsprung wieder und reihen sich dort ein, wo sie gemäss ihrem Begabungsprofil hingehören. Ähnliches stellen Gymnasien bei Kindern fest, welche die Aufnahmeprüfung dank intensiver Paukerei in den privaten Lernstudios geschafft haben. Die Schulleitung eines Winterthurer Gymnasiums beobachtet seit längerer Zeit, dass jene über kurz oder lang wieder rausfliegen, die ihr Prüfungswissen nur antrainiert und nicht richtig erfasst haben. Meist erweist sich der Abstecher ans Gymnasium für die betroffenen Schülerinnen und Schüler als Bumerang. Sie fallen früher oder später aus der Schule und müssen den Anschluss auf jener Stufe finden, wo sie von ihren Fähigkeiten her hingehören.

Trotzdem entscheidet die Umgebung über den Entwicklungsverlauf und die Lernfortschritte des Kindes mit. Sie tut dies jedoch nicht im Sinne von Anleitung und Unterrichtung, sondern indem sie den Kindern eine anregende und fördernde Umgebung zur Verfügung stellt, die gleichzeitig Geborgenheit und Verlässlichkeit bietet und auf die unterschiedlichen Lerntypen eingeht. Zentral für den Lernerfolg ist dabei die Beziehung der Lehrerin oder des Lehrers zum Kind oder Jugendlichen.

Dieser Grundsatz gilt auch dann noch, wenn Kinder älter werden. Kinder brauchen eine Schule, die sie zu Leistungen ermuntert, die Leistungen wertschätzt und auch belohnt. «Kinder sind aktive und stolze Lerner» (Stamm 2008). Kinder lernen gerne und müssen deshalb nicht ständig belehrt werden. Pädagoginnen und Pädagogen auf allen Stufen sind also in erster Linie für ein gutes Lern- und Entwicklungsklima verantwortlich. Ein solches finden wir in einer stimulierenden, gut organisierten und angstfreien Umgebung. Egal, ob ein Kind im Spiel erfährt, wie ein Ball auf einer Schräge immer wieder runter rollt, wenn es ihn hinaufwirft, oder ob sich eine Drittklässlerin in eine Rechnungsaufgabe vertieft: Beim Lernen müssen sich Kinder konzentrieren können und dürfen nicht ständig herausgerissen werden. Wo gelernt wird, herrscht Konzentration und Klarheit. Lernen braucht nebst einer guten Beziehung Ruhe und Raum.

Weil Lerntätigkeiten in ihren «Emissionen» sehr unterschiedlich sind, muss das gemeinsame und parallele Lernen gut organisiert sein. Man kann laute und bewegungsintensive Aktivitäten nicht am gleichen Ort und zur selben Zeit stattfinden lassen wie eine Arbeit am Mikroskop oder die Vorbereitung eines Vortrags. Die Räume von Schulhäusern und Kindertagesstätten müssen an solch neue Formen des Unterrichtens und Lernens angepasst werden. Innen- und Aussenräume sind aus Optik und unter Mitwirkung der Kinder zu entwickeln.

Damit Kinder sich in dieser offenen und individuellen Lern- und Arbeitsumgebung nicht verlieren, brauchen Schulen und Kindertagesstätten ein klares Konzept und eine klare Führung. Leitbild, Teamentwicklung, individuell erstellte Lehrpläne und der direkte Kontakt mit den Kindern sind darauf ausgerichtet, Orientierung und Verlässlichkeit zu geben. Die gleiche Klarheit brauchen auch Bildungsinstitutionen. Es braucht für jede Stufe einen Bildungsplan mit klaren Leitplanken und Zielen sowie für die Umsetzung vor Ort eine transparente Planung des Lernprogramms. Die Bildungspläne müssen aufeinander abgestimmt sein und für die Kleinsten bis zu den Grössten in derselben Sprache verfasst sein.

Kinder lernen unterschiedlich

Entscheidend für den Lernerfolg ist nebst der Gestaltung und der Organisation der Lernumgebung die Wahl der Methode. Kinder haben nicht nur ein individuelles Entwicklungstempo und -muster: Sie nehmen Wissen auch sehr unterschiedlich auf. Es lohnt sich, in diesem Zusammenhang das Buch von Frederik Vester «Denken, Lernen, Vergessen» wieder einmal zu lesen. Vester zeigt mit der Theorie der vier Eingangskanäle, wie wichtig die Interaktion ist. Gemäss Vester lernt ein Kind immer von einem «Partner». Das können der Grossvater, die Mutter, der Lehrer oder vor allem auch andere Kinder sein. Als «Partner» können aber auch das Schulbuch, das Experiment, der Raum, die Abbruchhütte, das Instrument oder der Schulweg dienen (Vester 1982). Je nach Veranlagung nimmt das Kind eher über das Gehör, übers Auge, übers Anfassen und Fühlen oder über abstrakte Formeln auf. Es kommt auch zu Mischungen verschiedener Lerntypen, wobei eine Fähigkeit meist dominant ist.

Die vier Lerntypen nach Vester (1982)

Auditiver Typ: lernt und sucht das Verstehen über die Kommunikation, durch Hören und Sprechen.

Optischer Typ: lernt vor allem durch das Auge, durch Beobachtung und durch Experimente.

Haptischer Typ: lernt durch Anfassen und Fühlen

Intellektueller Typ: lernt durch abstrakte Formeln und Zusammenhänge

«Lernerfolg und gute Schulleistung», so Vester, «liegen also nicht nur in der absoluten Intelligenz des einzelnen (der Fähigkeit zu behalten, zu kombinieren und Zusammenhänge zu erkennen), sondern oft an der relativen Übereinstimmung zweier Muster, an der Möglichkeit oder Unmöglichkeit einer Resonanz.» Der meiste Unterricht ist auf den vierten Lerntyp zugeschnitten. «Ein solcher Schüler von geringer Intelligenz bringt es daher in der Schule oft weiter als zum Beispiel ein hochintelligenter haptischer Typ.»

Der Ruf nach mehr Leistung verhallt im Leeren, wenn wir nicht gewillt sind, die Gesetzmässigkeiten des Lernens ernst zu nehmen. Und den simplen Appell nach Zucht und Ordnung sehe ich als eine Sackgasse, denn damit ist sowieso nur ein Zurück zur Schule von Gestern gemeint. Doch kaum jemand will im Ernst wieder eine Schule, an die sich viele der älteren Generation nur ungern erinnern. Zumal eine Schule, die auf Frontalunterricht und Stillsitzen in den Bänken ausgerichtet ist, die Kinder nicht auf die Welt von Morgen vorbereitet. Schliesslich brauchen wir künftig nicht einwandfrei funktionierende Fliessbandarbeiter, sondern Menschen, die im Leben und am Arbeitsplatz Verantwortung übernehmen.

Die Schule als Ort der Liebe zum Lernen

Die zentrale Aufgabe der Schule ist, das Lernen zu fördern. Damit das gelingt, braucht es weder Drill noch Larifari, sondern eine Beziehung, die auf Respekt, Anerkennung und Ermutigung beruht. Die Leistungsziele müssen so gesetzt sein, dass sie anspor===nen, und zwar jeden und jede. Die Leistungsmessung darf nicht alleine nach dem «Prinzip Hochsprung» funktionieren. Nicht nur die absolute Höhe zählt, sondern auch der individuelle Fortschritt. Es ist nun mal normal, verschieden zu sein. Die Schule darf den Kindern die Freude am Lernen nicht austreiben. Im Gegenteil: Die Schule muss ein Ort der Liebe zum Lernen werden (Martin Korpi 2005).

Plädoyer für eine moderne Schulorganisation

Es ist offensichtlich: Ein neues pädagogisches Selbstverständnis ruft auch nach einer neuen Schule. Zu starr und einengend ist das Korsett, das die Schule umschliesst. Die Schule ist in hohem Mass überstrukturiert. Politisch kümmern sich unzählige Gremien um die Schule, der Schulalltag wird von einem Wust von Gesetzen und Verordnungen reglementiert, und die Schule vor Ort ist eingezwängt in Stundenpläne, Jahrgangsklassen und Räumlichkeiten, die kaum Veränderung zulassen. Wer sich bewegt, stösst sofort an Grenzen.

Von Gremien und Ämtern

Folgende Behörden und Verwaltungseinheiten beeinflussen den Alltag in einem Schulhaus in Winterthur: Erziehungsdirektorenkonferenz, Regierungsrat Kanton Zürich, Kantonale Bildungsdirektion, Kantonale Bildungsverwaltung, Kantonsrat und entsprechende Kommission, Bildungsrat, Bezirksrat, Stadtrat, Schuldepartement, Grosser Gemeinderat und entsprechende Kommission, Kreisschulpflege, Schulleitung.

Jedem Schüler seine Schule – schülerzentrierter Unterricht an der Sek in Uetikon am See

«Wir wollen den Schüler nicht zu einem Abschluss, sondern zu einem Anschluss führen. Deshalb wollen wir eine Schule sein, in der Schüler sich Kompetenzen aneignen und nicht irgendwelchen Stoff, den sie wieder vergessen.» So beschreibt Schulleiter Gerhard Meyer seine Schule in der «Zürichsee-Zeitung» (18. Juni 2008). Das bedeutet konkret, dass es praktisch keinen Frontalunterricht mehr gibt, dass die Zimmer zu Lernräumen werden, die Lehrer sind Coaches eines Teams anstatt Einzeldarsteller vor der Klasse.

In der schülerzentrierten Schule suchen sich die Schüler und Schülerinnen im «Baumarkt» ihre Unterlagen und arbeiten im eigenen Tempo. Über dieses selbständige Arbeiten führen sie eine Agenda, die jede Woche mit dem Lehrer besprochen und von den Eltern unterzeichnet wird. Während eines Drittels der Schulzeit finden Inputs von Fachlehrern statt, die eher im «klassischen» Stil vermittelt werden. Fächer wie Turnen und Zeichnen werden in sogenannten «Ateliers» unterrichtet. Die Hausaufgaben werden in der Schule erledigt, und der Schüler kann dabei auf die Unterstützung von Lehrpersonen zurückgreifen. Pro Jahrgang arbeitet jeweils ein Team von vier bis fünf Lehrpersonen mit rund 300 Stellenprozenten mit den Schülern, wobei der Klassenlehrer erster Ansprechpartner ist.

Besonders interessant sind die Vergleiche der Leistungen dieser Schüler mit anderen, die «klassisch» unterrichtet werden, was im Zürcher Cockpit-Test möglich ist: Die Schüler der Sek in Uetikon schneiden sowohl in Sprache wie auch in Mathematik überdurchschnittlich ab. Zudem habe die neue Art von Schule zu «einem sehr angenehmen Umgang» und «einem hohen Grad an sozialem Engagement» geführt, betont Schulleiter Meyer.

(«Zürichsee-Zeitung» vom 18. Juni 2008: «Schule ohne Frontalunterricht», und Korrespondenz mit Schulleiter Gerhard Meyer)

Die Schulen brauchen mehr Luft! Politisch, organisatorisch, räumlich und finanziell. Statt der zahlreichen Behörden aus Politik, Verwaltung und Laien braucht es gut ausgebaute Schulleitungen mit klaren Zielen und Aufträgen. Statt der vielen Detailvorschriften braucht es ein Zusammenführen von Entscheid und Verantwortung. Und statt der engen Stundenpläne und zerstückelten Tagesabläufe braucht es Tagesstrukturen, die Unterricht und Betreuung als pädagogisches Ganzes verbinden und damit mehr Regelmässigkeit im Kinderalltag, aber auch mehr Raum und Zeit fürs Lernen, Ausruhen und Spielen schaffen.

Meine Schule der Zukunft verbindet die Erfolgsprodukte aus Finnland, Schweden und der Schweiz. Aus den nordischen Ländern übernehme ich als übergeordnetes Thema die politische Schulorganisation. Ebenfalls von Finnland und Schweden habe ich mich von den Tagesstrukturen sowie der Bedeutung des Sprachunterrichts überzeugen lassen. In Finnland beeindruckten mich das System der zusätzlichen Fachpersonen sowie das Niveau der Lehrerausbildung. In Schweden war es die Frühförderung – und in der Schweiz schliesslich die republikanische Volksschule. Diese Zukunftsvision runde ich mit einem Blick auf die Familienpolitik ab.

Mit Verantwortung und Verbindlichkeit zu mehr Vertrauen

In der Frage der Schulorganisation orientiere ich mich sowohl am schwedischen als auch am finnischen Schulsystem. Die nationalen Parlamente beschliessen über die Lehrpläne und setzen die übergeordneten Lernziele, basierend auf allgemeingültigen Standards, fest. Die Gemeinden erhalten aufgrund ihrer Grösse und ihres Einzugsgebiets die nötigen finanziellen Mittel für die Umsetzung. Zusammen mit der Schulleitung brechen sie die nationalen Ziele auf ihre Situation herunter und organisieren den Schulalltag. So entstehen die sogenannten «Schulen mit Profil». Gestaltungsraum haben die Schulen insbesondere bei den nicht direkt messbaren Zielen wie der Zusammenarbeit, resp. Mitwirkung der Eltern und der Kinder, bei der Erreichung der sozialen Ziele wie Förderung der Solidarität und der Gleichstellung sowie bei der Schulung der interkulturellen Kompetenzen. Dabei können sie beispielsweise mehr Geld für eine mehrsprachige Bibliothek ausgeben, dafür weniger Stellenprozente für das Küchenpersonal einsetzen. Spielraum besteht auch bei der Gestaltung des Sprachunterrichts, wobei allerdings das Recht der Kinder auf Unterricht in ihrer Muttersprache verankert und für alle Schulen Pflicht ist. Bei den klassischen Leistungszielen, aber auch bei der Organisation der Schule als Tagesschule mit kostenloser Mittagsverpflegung sind die Vorgaben klar und übers ganze Land identisch.

Damit ist klar: «Schule mit Profil» heisst nicht, dass die Schulen irgendwelche beliebigen Angebote machen können. Die Autonomie dient vielmehr zwei Zwecken: Erstens dient sie der Schule darin, die vorgegebenen Ziele zu erreichen. Und zweitens soll sie die lokalen Ressourcen nutzen. Schulen können also auch auf die Mitarbeit der Wohnbevölkerung zurückgreifen. So organisieren viele Schulen Putz- und Aufräumtage oder Bazars und Sponsorenanlässe, um den Bibliothekskredit aufzustocken. Um über diesen Weg Ungleichheiten zu vermeiden, dürfen aber nur Gelder angenommen werden, die sich die Schule wirklich wie in den genannten Beispielen «erarbeitet» hat.

Damit ist bereits der zweite wichtige Aspekt dieses in Schweden und Finnland erfolgreichen Systems angesprochen: die Kontrolle und die Transparenz. Eine nationale Schulbehörde (in Schweden «skolverket», www.skolverket.se) evaluiert nicht nur, inwieweit die Ziele erreicht werden, sondern sie kontrolliert auch die Einhaltung des nationalen Schulgesetzes. Die Schule ist vollumfänglich rechenschaftspflichtig. Sie muss ihre Leistungen ausweisen und darlegen, nach welchen Methoden sie arbeitet, über welche Ressourcen sie verfügt und wie sie diese einsetzt. Zusammen mit der Schule und der Gemeinde diskutiert die Schulbehörde diese Rechenschafts- und Evaluationsberichte. Darauf gestützt erstellt sie bei Bedarf einen Massnahmenkatalog, der dem Parlament unterbreitet wird. Damit ist der Prozess rückgekoppelt und funktioniert nach dem Grundsatz der lernenden Organisation.

Möglicherweise scheint dieses System auf den ersten Blick ebenso kompliziert und überstrukturiert wie unseres. Verschiedene Besuche vor Ort haben mir aber ein anderes Bild vermittelt: Wenn die Instrumente einmal eingeführt sind und die Schulleitung ihre Arbeit organisiert hat, kommt es nur noch im Ausnahmefall zu Interventionen von Seiten der Behörden oder der Gemeinden. Mit anderen Worten: So lange alles rund läuft, können die Schulen in Ruhe arbeiten. Und da dies bei klar verteilten Verantwortlichkeiten und Vorgaben fast immer der Fall ist, sind schwedische und finnische Schulen eindeutig weniger mit Administration belastet als etwa die schweizerischen. Daher können sie sich viel stärker auf die pädagogische Arbeit konzentrieren.

Tagesstrukturen schaffen Ruhe und Raum

In Schweden und Finnland gibt es ausschliesslich Tagesschulen, und zwar für alle Kinder auf allen Stufen. Unterrichtszeit und unterrichtsfreie Zeit gehen für Lehrkräfte und Kinder Hand und Hand. Das bedeutet auch, dass die Lehrerinnen und Lehrer an der Schule arbeiten und den ganzen Tag dort verbringen. Der Tag beginnt mit einer Auffangzeit. Anschliessend folgen verschiedene Unterrichtsblöcke. In einer kurzen Mittagspause wird gegessen. Rückzugs- und Aktivitätsmöglichkeiten bieten Bibliothek, Schulhausplatz mit Sportangebot und Freizeiträume. Am Nachmittag folgt ein weiterer Unterrichtsblock, bevor die Kinder um ca. 16 Uhr nach Hause oder in die schulische Freizeitbetreuung gehen. Je jünger die Kinder sind, desto höher ist der Anteil an spiel- und bewegungsorientiertem Unterricht. Hausaufgaben gibt es nicht.

Die Schule orientiert sich stark am kindlichen Empfinden. Für die Schülerinnen und Schüler ist die Schule neben der Familie der zweite zentrale Lebensraum. Kinder und Jugendliche halten sich grundsätzlich gerne in der Schule auf, weil sie dort ihre Kolleginnen und Kollegen treffen. Die Haltung in diesen Ländern ist klar: Die Schule ist für Kinder ein guter Ort. Bei uns hingegen ist der Zwiespalt augenfällig. Schule wird zwar als wichtig für die Zukunft erachtet. Trotzdem organisieren wir sie so, als ob sie den Kindern etwas antun könnte und wir sie dort so rasch wie möglich wieder rausholen müssen.

Die Schule ist für die Lehrkräfte der Arbeitsplatz. Man muss sich allerdings keine komfortablen Einzelbüros vorstellen. Vielmehr wirkt vor Ort alles ziemlich bescheiden. In meist engen Platzverhältnissen bereiten die Lehrkräfte ihre Lektionen vor, führen Gespräche, recherchieren oder korrigieren. Wie für die Kinder ist es auch für die Lehrerinnen und Lehrer normal, den ganzen Tag an der Schule zu verbringen. Meist essen sie über Mittag zusammen mit den Kindern. Jedes Schulhaus hat aber einen kleinen Raum, wo sich Lehrerinnen und Lehrer fürs Essen unter sich zurückziehen können. Da die finnischen und schwedischen Kinder von klein auf an diesen Ablauf gewöhnt sind, wirken sie sehr selbständig.

Schwedische und finnische Lehrkräfte sind angestellt, damit sie zusammen mit den Kindern die gesteckten Ziele erreichen. Dazu gehören nebst den klassischen Lernzielen in den Schulfächern auch die Sozial- und die Selbstkompetenz. Die gemeinsame Zeit an der Schule ausserhalb des Unterrichts ist vollwertiger Bestandteil der Idee Schule. Damit ist auch klar, dass Lehrkräfte nicht für Lektionen, sondern in Stunden angestellt sind. Wenn jemand eine Lektion nicht halten kann, weil er oder sie eine ausländische Besuchergruppe durchs Schulhaus führen muss, übernimmt eine andere Lehrkraft diese Klasse. Manchmal springt auch die Bibliothekarin ein oder die Klasse wird eine Stunde vom Abwart betreut. So fallen nie Lektionen aus, nie werden solche kompensiert. Auf die Frage, wie zusätzlich erteilte Lektionen abgegolten werden, reagiert die angesprochene Lehrerin mit grossem Unverständnis. Genauso wenig können die nordischen Lehrkräfte mit der Frage anfangen, ob sie denn das gemeinsame Mittagessen mit den Kindern nicht als Abwertung ihrer Lehraufgabe empfinden. Dazu muss gesagt werden, dass diese Länder dieses System seit Generationen kennen. Wer heute Schule gibt, durchlief einst dasselbe System als Kind. Genauso wie bei uns orientieren sich Lehrkräfte, Eltern und Grosseltern in Schweden und Finnland am Bekannten. Nur ist das bei ihnen die Tagesschule.

Wer Schulen im Norden besucht, ist sofort von der scheinbaren Leichtigkeit beeindruckt, mit der alles organisiert ist. Zwar sind auch im Norden Kinder laut und lebendig. Aber die Abwicklung des Schulalltags scheint ohne jede Hektik zu funktionieren. Alle scheinen genau zu wissen, was sie zu tun haben. Dabei treffen wir keineswegs einen Betrieb an, in dem alle in Reih und Glied sitzen. Vielmehr wechseln sich konzentrierte Einzelarbeiten mit Teamaufgaben ab. Dazwischen wird gemalt, im Chemielabor geforscht oder auf dem Sportplatz Basketball gespielt. Alle scheinen für alles genügend Zeit zu haben, alle scheinen sich wohlzufühlen. Man hat den Eindruck, dass hier ein grosses Team an einem gemeinsamen Projekt arbeitet. Und so herrschen in diesen Schulen eine grosse Zufriedenheit und eine lebendige Ruhe.

Sprache ist der Schlüssel zum Bildungserfolg

Ich habe es bereits an verschiedenen Stellen im Buch erwähnt: Die Sprache ist der Schlüssel zum Bildungserfolg. Deshalb investieren die nordischen Länder sehr viel in den Sprachunterricht. Entscheidende Weichen werden bereits im Vorschulalter zwischen eins und vier gelegt, also in jener Lebensphase, in der die finnischen und schwedischen Kinder grösstenteils eine Krippe besuchen. Es liegt auf der Hand: Ein türkisches Mädchen, das ab seinem zweiten Lebensjahr 30 Stunden in der Woche in einer schwedischen Umgebung aufwächst, kann in kurzer Zeit Schwedisch und wird beim Schuleintritt sprachlich mit seinen schwedischen Freundinnen mithalten können. Die Bemühungen gehen sogar noch viel weiter: «Mittlerweile haben sich

Kinderbetreuung und Schule in hohem Masse zu multikulturellen Begegnungsstätten entwickelt», stellt die schwedische Erziehungswissenschafterin Ursula Armbruster fest (Armbruster 2003). Vor allem in Schweden, aber auch in Finnland ist das Prinzip des muttersprachlichen Unterrichts für alle Kinder verankert und wird praktisch flächendeckend umgesetzt. Dabei stützt man sich auf die Erkenntnisse der Sprachwissenschaft, nach denen Kinder jede weitere Sprache umso einfacher und umfassender lernen, je besser sie ihre Muttersprache beherrschen. Schon bei den Kleinsten werden deshalb gewisse Zeiten im Tagesablauf eingesetzt, in denen internes Personal oder auch Leute von aussen Unterrichtsblöcke in den jeweiligen Sprachen anbieten. Diese Sprachlehrkräfte sind nicht in jedem Fall ausgebildete Fachleute. Manchmal sind es auch die serbische Köchin oder der türkische Sportlehrer, die mit ihren «Landeskindern» den muttersprachlichen Unterricht gestalten. Erleichtert wird die Umsetzung dadurch, dass die Zusammensetzung des Personals auf allen Stufen vom Kindergarten bis zu den Hochschulen viel heterogener ist als bei uns. Im Norden sind nicht nur die Kinder, sondern auch die Lehrkräfte zunehmend mehrsprachig.

Der muttersprachliche Unterricht wird zwar sprachwissenschaftlich begründet. Längst hat er aber auch die Unterstützung in Wirtschaftskreisen. Aufgrund ihrer peripheren Lage und der sehr international ausgerichteten Wirtschaft erkennen diese Länder in der Mehrsprachigkeit ein grosses Potenzial. Von fremdsprachigen Kindern spricht eigentlich niemand. Zwar gibt es ebenfalls politische Diskussionen, inwieweit die Landessprache eine Voraussetzung für den Pass sein soll. Doch hat sich bis heute der breite Konsens durchgesetzt, dass sich eine effiziente Integrationspolitik schwergewichtig auf die zweite und dritte Generation konzentrieren muss und der ersten zugesteht, dass sie sich irgendwo zwischen Abschied und Neubeginn befindet. So werden in Schweden etwa die Unterlagen für die Wahlen in 16 Sprachen publiziert.

Sprachunterricht ist im Norden eng mit Leseförderung verbunden. Die guten PISA-Resultate im Lesen überraschen deshalb nicht. Weshalb schwedische und finnische Kinder so gut lesen können, wird unterschiedlich beantwortet. Die einen verweisen auf die Untertitelung im Fernsehen, denn alle Filme werden im Originalton ausgestrahlt und mit Untertiteln versehen. Wenn Kinder die Dummheiten von Homer in den «Simpsons» verstehen wollen, müssen sie lesen können. Eine andere Erklärung sind die langen Nächte im Winter und die damit verbundene grosse Tradition des Lesens im Norden. In Schweden wird zudem mit grossem Stolz auf den Erfolg der Kinderbuchautorin Astrid Lindgren hingewiesen, die mit ihren Büchern den Kindern einen positiven Zugang zum Lesen ermöglicht habe.

Sehr viel wird zudem in den Umgang mit neuen Technologien investiert. Diskussionen, ob Computer in die Schulen gehören oder nicht, hat es in diesen Ländern nie gegeben. Beide Länder haben mit der Computertechnologie und insbesondere dem Mobilfunk ein starkes wirtschaftliches Standbein. Und so ist es selbstverständlich, dass diese Formen der Kommunikation auch den Schülerinnen und Schülern zur Verfügung stehen. Die Haltung ist klar: Ob Muttersprache, Landessprache oder Fremdsprache, ob Bücher; Fernsehen oder Computer: Sprache und Kommunikation haben einen hohen Stellenwert. Man soll und will sich verstehen.

Unterstützung für die Lehrkräfte

Finnland kennt bis zum Ende des neunten Schuljahres eine Gesamtschule. Es wird in den neun obligatorischen Schuljahren nicht selektioniert, und es gibt fast keine Sonderschulen. Damit der Unterricht dieser breiten Vielfalt an Kindern mit ihren individuellen Bedürfnissen gerecht wird, stehen den Klassenlehrerinnen und -lehrern verschiedene Fachpersonen zur Seite. Schulschwestern haben die Gesundheit der Kinder im Auge, psychologische Fachpersonen stehen Kindern und

Lehrkräften unter Einhaltung der Schweigepflicht zur Verfügung. Sozialpädagoginnen oder Sozialpädagogen sind für die Beilegung von Konflikten aller Art zuständig. Je nach Grösse der Schule werden die Pensen angepasst. In den Schulen der Städte und Agglomerationen sind die Fachpersonen fünf Tage pro Woche an der Schule. Selbst in Kleinstschulen im Hohen Norden mit weniger als 50 Kindern ist die Mindestanwesenheitspflicht für jede Disziplin einen Tag pro Woche sowie zusätzliche Einsätze nach Bedarf. In sogenannten Spezialkonferenzen werden monatliche Massnahmepläne für jene Kinder beschlossen, die auf besondere Unterstützung angewiesen sind. Dabei wird die Kooperation mit den Eltern gesucht. Wird diese verweigert, nimmt sich die Schule dem Kind und seinen Problemen trotzdem an. Der Fokus liegt auf dem Kind. Kein Kind soll dafür bestraft werden, dass seine Eltern nicht einsichtig sind (von Freymann 2002).

Mit diesem engen Netz wird verhindert, dass Schülerinnen und Schüler zurückbleiben und den Anschluss verlieren. Letztlich sickert auch hier wieder die Grundhaltung durch, die überall im Norden anzutreffen ist: Wir brauchen jedes Kind. Keines darf auf der Strecke bleiben. Die finnische Schule wählt den Weg der Binnendifferenzierung (Individualisierung im Klassenunterricht), gekoppelt mit weitreichender fachlicher Unterstützung. Diese Verbindung ist deshalb zwingend, weil Lehrkräfte nur dann einen konzentrierten, intensiven und individualisierten Unterricht durchführen können, wenn sie von anderen Aufgaben entlastet werden. Hier erkennen wir das spannende Zusammenkommen von Gemeinschaft und Individualität. Alle haben ihre Spezialität, der sie sich in erster Linie widmen: die Klassenlehrerin bei der Arbeit in der Klasse, die Schulschwester bei Gesundheitsfragen, der Sportlehrer beim Sportunterricht, die Psychologin beim Gespräch mit dem Kind, dessen Eltern sich scheiden liessen, der Sozialpädagoge beim Schlichten zwischen zwei Schülergruppen, der Koch beim Zubereiten der Mahlzeiten und die Reinigungsfrau bei der Pflege der Räumlichkeiten. Und trotzdem ist man eine Gemeinschaft, die sich gegenseitig aushilft. So wird der Sozialpädagoge kurzfristig Klassenlehrer, wenn eine Kollegin ihr Kind auf der Notfallstation abholen muss. Und der Koch schaut zum Rechten, wenn sich zwei Mädchen in die Haare geraten.

Die Besten werden Lehrerin oder Lehrer

Die Lehrerbildung in Finnland gilt als vorbildlich. Sämtliche pädagogischen Fachleute werden auf universitärer Stufe ausgebildet, also auch die Pädagoginnen und Pädagogen für die Kindertagesstätten. Die Anforderungen gelten als hoch. Hoch sind auch das Prestige und die Anerkennung der Lehrkräfte durch die Gesellschaft. Lehrkräfte in Finnland sind mehrheitlich stolz auf ihren Beruf

Das Studium zur Klassenlehrkraft dauert fünf Jahre. Dazu Armi Mikkola (2003), Ministerialrätin im finnischen Bildungsministerium: «Ausgangspunkt des Studiums ist, die Studierenden mit der ganzheitlich Entwicklung des Menschen, der Wechselwirkung von Lehrer und Schüler sowie Erziehungs-, Lern- und Entwicklungstheorien und deren praktischer Anwendung in der Erziehungs- und Unterrichtsarbeit vertraut zu machen. Ziel ist es, den Studierenden die Fähigkeit zu vermitteln, selbständig Probleme in Erziehung und Unterricht zu analysieren und lösen zu können und die eigene Arbeit mit wissenschaftlichen Mitteln zu entwickeln.»

Der Zugang zum Lehrerstudium ist in zwei Stufen organisiert: In einem ersten Schritt müssen die Bewerberinnen und Bewerber ein Maturitätszeugnis mit ausreichenden Leistungspunkten vorweisen können. Der zweite Schritt richtet sich nach den Aufnahmeverfahren der jeweiligen Universität. Dazu gehören schriftliche Arbeiten sowie Gespräche und teilweise Probelektionen. Die Nachfrage nach Studienplätzen ist nach wie vor grösser als der Bedarf. Die Lehrerfortbildung wird von den Universitäten angeboten und über die Gemeinden finanziert. Gemäss einer Studie über die Fortbildung, die 1999 durchgeführt wurde, wenden die finnischen Lehrkräfte viel Freizeit für die Weiterbildung auf. Vier von zehn Lehrkräften setzten pro Jahr mindestens zehn Tage für die persönliche Weiterbildung ein (Mikkola 2003).

Unübersehbar ist, dass Finnland der Ausbildung von Lehrkräften eine sehr hohe Bedeutung beimisst und dass die Anforderungen hoch sind. Letztlich führen dieses hohe Ausbildungsniveau und das grosse pädagogische sowie fachliche Know-how zur Anerkennung in der Gesellschaft und zu einem hohen Prestige. Und das wiederum fördert die Nachfrage und die Möglichkeit für die Universitäten, die Anforderungen trotz steigendem Bedarf weiterhin hochzuhalten. In Finnland werden junge Menschen Lehrerin oder Lehrer, weil sie sich einem anspruchsvollen Studium stellen wollen. In der Schweiz werden viele Lehrerin oder Lehrer, weil sie nicht richtig studieren wollen («Sonntagszeitung» 30. März 2008).

Assessment für angehende Lehrkräfte

Eine zentrale Bedeutung für Qualität der Schule kommt der Lehrerbildung und dabei speziell der Auswahl der angehenden Lehrkräfte zu. Zur Aufnahme an eine pädagogische Hochschule müssten auch in der Schweiz umfassende Eignungsabklärungen durchgeführt werden. Nebst den fachlichen Fähigkeiten müsste das Berufsverständnis und damit folgende Fragen im Zentrum stehen:

Haben Sie Freude an der Verschiedenheit der Kinder? Stellen Sie sich gerne neuen Herausforderungen? Arbeiten Sie gerne an einem Ort, der sich als lernende Organisation versteht? Begegnen Sie Neuem aufgeschlossen? Wie stellen Sie sich zur Aussage «Schule ist für mich Teamarbeit»? Wie stellen Sie sich die Teamarbeit vor? Wie stellen Sie sich zur Aussage «Auf die Eltern ist heute kein Verlass mehr»? Können Sie darlegen, wie Sie die Rolle der Eltern in Bezug auf die Schule sehen und wie Sie die Zusammenarbeit mit den Eltern gestalten wollen? Usw.

Frühförderung macht Kinder selbständig

In Sachen Frühförderung und Kleinkind-Pädagogik hat Schweden die Nase vorn. Wie bereits im Kapitel «Mit der Schule beginnt der Ernst des Lebens» ausgeführt, verfolgt Schweden seit den 1950er Jahren eine Politik, die den Ausbau der familienergänzenden Betreuung und insbesondere der Angebote in den ersten Lebensjahren konsequent ausbaut und entwickelt (Schwedisches Institut 2007). Ein erster bildungspolitischer Meilenstein wurde 1996 gesetzt, als die Verantwortung für den Bereich Vorschule (0- bis 5-Jährige)[12] vom Sozial- ins Bildungsministerium übertragen wurde. Als Folge davon baute Schweden dieses Angebot zu einem vollwertigen Bestandteil des lebenslangen Lernens aus, und seit 1998 hält ein Bildungsplan die Ziele dieser Stufe fest (Auszüge aus dem Bildungsplan siehe Kapitel zur Frühförderung).

«Die Vorschule bildet den ersten Schritt im Bildungssystem, ihr Lehrplan basiert in gleicher Weise auf Entwicklung und Lernen wie der Lehrplan für Schulen» (Armbruster 2003). Abgestützt ist die Vorschule im nationalen Bildungsgesetz. «Die Vorschule soll die Basis für lebenslanges Lernen legen.» Mit diesem zentralen Satz wird der pädagogische Auftrag umschrieben. Und an anderer Stelle: «Die Vorschule soll die Kinder darin fördern, sich ein positives Bild von sich selbst als lernendes und kreatives Individuum zu machen.» Viel Wert wird auch hier auf die Sprachentwicklung gelegt: «Sprache und Lernen sind ebenso untrennbar miteinander verwoben wie Sprache und Bildung der persönlichen Identität. Die Vorschule soll besonderes Gewicht auf die Anregung der kindlichen Sprachentwicklung legen und dessen Neugier und Interesse an geschriebener Sprache nutzen und fördern» (MBJS 2008).

12 Die schwedische Vorschule ist die Bildungsstufe, die in der Schweiz von Krippen und Kindertagesstätten abgedeckt wird. Aufgrund des langen Elternurlaubs besuchen die meisten schwedischen Kinder die Vorschule ab dem ersten Geburtstag, während in der Schweiz die Kinder ab drei Monaten aufgenommen werden.

Schwedische Vorschulen sind keine japanischen Leistungskindergärten. Im Zentrum steht die ganzheitliche Entwicklung der Kinder: «Unterschiedliche Arten der schöpferischen Tätigkeit und Kommunikation wie etwa Bilder, Lieder und Musik, Theater, Rhythmen, Tanz und Bewegung als auch gesprochene und geschriebene Sprache sollen sowohl Inhalt als auch Methode der vorschulischen Arbeit sein, um Entwicklung und Lernen der Kinder zu fördern. Diese beinhalten ebenso Bauen und Entwerfen als auch den Gebrauch unterschiedlichster Materialien und Techniken. Multimedia und Informationstechnologien können bei der Entwicklung und Anwendung kreativer Prozesse eingesetzt werden» (MBJS 2008).

Die schwedischen Vorschulen arbeiten alle nach einem pädagogischen Konzept, das Tagesablauf, Gestaltung der Räume, Aufgaben und Rollen sowie Methoden festhält. Der Tagesablauf ist klar strukturiert und dient dem Kind als Orientierungsrahmen. Rituale und gemeinsame Lieder oder Verse unterstützen diesen Rahmen. Geführte Aktivitäten in der Gruppe wechseln sich mit dem Freispiel ab. Ebenso ins pädagogische Konzept integriert sind die Räumlichkeiten und der Aussenraum sowie die Nutzung derselben. Schwedische Kinder spielen sehr oft draussen, auch im Winter oder bei schlechtem Wetter.

Beim Besuch von schwedischen Vorschulen fällt auf, dass sich bereits die kleinsten Kinder im Freispiel sehr stark selber beschäftigen. In Gruppen oder auch einzeln wird gespielt, gekocht, geschaut, gebastelt, gestritten, geneckt oder getröstet. Ältere Kinder leiten jüngere an. Jüngere wenden sich in erster Linie an ältere Kinder und nicht an Erwachsene. Die Innen- und Aussenräume sind so gestaltet, dass die Kinder möglichst viel Freiheit haben und trotzdem sicher sind. So kommen die mutigsten und die kreativsten Kinder genauso auf die Rechnung wie jene, die eher vorsichtig sind und viel Anregung brauchen. Die Erzieherinnen und Erzieher sind ausser bei den geleiteten Gruppenaktivitäten und Ritualen mehrheitlich im Hintergrund. Sie greifen dort aktiv ein, wo ein Kind Unterstützung oder Hilfe braucht oder wo neue Impulse fürs Spiel nötig sind. Ihre Hauptaufgabe ist die des Beobachtens. Über jedes Kind wird ein persönliches Portfolio geführt, in das die Beobachtungen beim Freispiel, aber auch das Verhalten beim Ankommen, Mittagessen, Gehen usw. notiert wird. Im Portfolio werden Zeichnungen aufbewahrt und Notizen über die Sprachentwicklung gemacht. Zweimal im Jahr findet mit den Eltern ein sogenanntes Entwicklungsgespräch statt. Gemeinsam diskutiert man die Fortschritte des Kindes. Oft dienen diese Gespräche auch als niederschwellige Elternbildung. In Schweden hat man längst erkannt, dass Eltern zwar die Erziehungsverantwortung haben, aber vielfach auf Unterstützung und Tipps der Fachleute angewiesen sind, um diese auch im Sinne der Kinder wahrnehmen zu können.

In einem Land, in dem Kinder von klein auf gewohnt sind, sich in grösseren Gruppen zurechtzufinden und sich zu organisieren, muss nicht erst der Kindergarten oder die Schule das Sozialverhalten trainieren. Kinder in den nordischen Ländern sind es sich gewohnt, Aufgaben eigenständig oder in der Gruppe zu erledigen. Und weil sie es sich gewohnt sind, wird es von ihnen auch erwartet. Diese positive Haltung funktioniert wie eine self-fullfilling prophecy. Individuelle Lehrpläne an den Schulen mit entsprechenden Wochenarbeitsplänen funktionieren meist reibungslos. Schwedische Kinder haben nie erlebt, dass sie aufs Lernen warten müssen. Damit schafft die Vorschule genau das, was ihr vorgegeben ist: Sie legt die Basis für das lebenslange Lernen.

Mitwirkungsrechte stärken das Verantwortungsgefühl

Ebenfalls an der Spitze ist Schweden in Sachen Mitwirkungsrechte der Kinder. Sie ist im Bildungsgesetz verankert und damit für alle Schulen obligatorisch. Die Schulen haben Schülerräte und oft auch Schülerparlamente (Schwedisches Institut 2001). Klassische Themen der Mitwirkung sind die Schulküche resp. die Menukarte, die Gestaltung des Aussenraums oder die Organisation von Schulanlässen. Darüber hinaus haben die Schülerinnen und Schüler auch das Recht, zusammen mit den Lehrkräften die tägliche Arbeit zu planen. Wie diese Mitwirkung konkret aussieht, legt die Schulleitung in Absprache mit den Lehrkräften sowie den Schülerinnen und Schülern im Leitbild der Schule fest.

Die Schulleitung hat die Pflicht, Schülerinnen und Schüler sowie Eltern über wichtige Angelegenheiten der Schule und des Kindes zu informieren und sich mit ihnen zu beraten. Lösungen sollen unter Mitwirkung und auch Mitbestimmung der betroffenen Schülerinnen und Schüler gesucht werden. Die Mitwirkungsrechte der Kinder sind in der Idee der Demokratie und Gleichberechtigung verankert, nehmen aber auch starken Bezug auf die Konvention über die Kinderrechte (UN-Kinderrechtskonvention 1990).

Durch Mitwirkung sollen die Kinder lernen, Verantwortung für sich und ihre Umgebung zu übernehmen. Sie sollen sich dabei besser in der Welt zurechtfinden, indem sie lernen, Argumente abzuwägen und Zielkonflikte zu erkennen. Orientierungsfähigkeit als eine der erwähnten fünf Schlüsselkompetenzen (siehe Einleitung) kann durch Partizipation erfolgreich entwickelt werden. Ziel der Mitwirkung darf aber nicht sein, den Kindern Verantwortung abzuschieben, die von den Erwachsenen getragen werden muss. Partizipation muss gelernt werden. Deshalb ziehen sich die Mitwirkungsrechte von der Kindertagesstätte bis in die obersten Schulstufen durch.

Volksschule statt Zweiklassenschule

Bei der politischen Schulorganisation, den Tagesstrukturen, dem Stellenwert des Sprachunterrichts, der Qualität der Lehrerausbildung sowie der Frühförderung und den Mitwirkungsrechten orientiere ich mich an den Erfahrungen und am Niveau von Schweden und Finnland. Trotzdem lehne ich die freie Schulwahl ab. Wie geht das zusammen?

In den nordischen Ländern gibt es die freie Schulwahl seit den späten 1990er Jahren. Dies ist insofern wichtig, als die wesentlichen Schritte der Schulentwicklung und damit die oben aufgezählten Kernelemente allesamt früher umgesetzt wurden. Bildungsexpertinnen und -experten, die in der Praxis arbeiten, sind sich nämlich bewusst, dass die freie Schulwahl Innovation nicht fördert, sondern hemmt. Zwar entstehen auf dem freien Markt durchaus neue und spannende Schulexperimente. Diese Labors inspirieren die öffentliche Schule und sind damit auch zu begrüssen. In der Breite jedoch setzt sich bei der freien Schulwahl ein tendenziell rückwärtsgewandter Mainstream durch. Eltern wählen in der Regel für ihre Kinder das Bekannte und damit mehr oder weniger eine Schule, die sie aus eigenen Erfahrungen kennen.

Dies ist wohl der wichtigste Grund, weshalb in den letzten Jahren auch in Schweden und Finnland in der Schulentwicklung mehr oder weniger Stillstand herrscht, während der Entwicklungsschwerpunkt aktuell in beiden Ländern bei der Lehrerbildung ist.

Die Schweiz muss in der Schulentwicklung einiges nachholen. Einfach auf den freien Markt zu hoffen, kann nicht die Lösung sein. Vielmehr müssen wir unsere Energie in die öffentliche Schule stecken und dafür sorgen, dass wir möglichst allen Kindern eine Schule anbieten können, die ihre Talente zum Blühen bringen und die Freude am Lernen stärkt.

Familien fördern, Schulen stärken

Bildungspolitik ist nicht nur in der Schweiz ein Thema. In den meisten europäischen Ländern haben die PISA-Resultate wie ein Weckruf gewirkt. Vielerorts werden breite und kontroverse Debatten über die Zukunft der Schule geführt. Eine Standardauseinandersetzung ist dabei die Frage nach der Schuld. Je nach Standpunkt trägt die Gesellschaft an sich oder die Schule oder das Elternhaus die Verantwortung für die mangelnde Chancengleichheit, den Lernfrust vieler Kinder und die Tatsache, dass viele Jugendliche nach der obligatorischen

Schule nicht so ausgebildet sind, dass sie den Weg in den Arbeitsmarkt finden.

Vor dem Hintergrund der gesellschaftlichen Umwälzungen und der neuen Rollenverteilung zwischen den Geschlechtern wird gefordert, die Erziehungs- und die Bildungsverantwortung müssten wieder klar getrennt werden. Dass dies bei näherer Betrachtung der Ruf nach Abschaffung der Hausaufgaben und damit nach einer Befreiung der Eltern von der Bildungsverantwortung darstellt, wird ausgeblendet. Gemeint ist mit der Forderung, dass die Eltern mehr in die Pflicht genommen werden müssten. Sie haben quasi den Auftrag, der Schule wohlerzogene, fleissige, und möglichst gleich tickende Kinder zu liefern. Nun, so einfach ist das Leben bekanntlich nicht. Mögen die Eltern glücklich sein, deren Kinder nie Grenzen überschreiten, Mist bauen und gegenüber Erwachsenen ihre Macht testen. Bei den meisten ist dies trotz grosser Bemühungen und viel erzieherischem Engagement nicht der Fall.

Der Ruf nach Disziplin ist vor allem Ausdruck von Angst. Kinder und Jugendliche sind für die Erwachsenen mit ihrer Lebendigkeit und ihrer Kraft eine Provokation. Der Drang und der Wille der Jungen, ihren Platz in der Welt zu finden, weckt bei den älteren Generationen das ungute Gefühlt, dereinst verdrängt zu werden. Als Reaktion wird Disziplin gefordert, gemeint ist Kontrolle. So lange Jugendliche gedrillt und gezüchtigt werden, ist ihr Platz klar und die Bedrohung gebannt. Der Ruf nach Disziplin entlarvt also in erster Linie die Rufenden.

Trotzdem ist es richtig, nebst der Schule auch einen Blick aufs Elternhaus zu werfen. Aber nicht mit dem Drohfinger und einem Korb voller Vorwürfe, sondern mit dem Ziel, die Familien zu unterstützen und ihnen bei der Erziehungsarbeit den Rücken zu stärken. Auch hier sind uns die nordischen Staaten voraus. Ins Auge sticht dabei vor allem die grosszügige Lösung beim Elternurlaub. Mütter und Väter haben damit die Chance, in den ersten Monaten bei ihren Kindern zu bleiben und sich als Familie neu zu finden. Damit der Elternurlaub

Spielen und Lernen gemäss eigenem Tempo – die Basisstufe Brienz

«Ein grosses Hauptzimmer mit Tischen, Bänken, Bücherregalen und in der Mitte Platz zum alltäglichen Ritual im Kreis. In einem kleineren Nebenzimmer können die Kinder spielen oder auf einer Matratze ruhen», so beschreibt die «Jungfrau-Zeitung» die Räumlichkeiten, in denen die Basisstufe in Brienz stattfindet (4. September. 2008). Singen, Lesen, Bewegung, Rechnen, Basteln und vieles mehr wechseln sich ab. Die Jüngeren spielen mehr, die Älteren arbeiten eigenständig anhand von Lernkarten. Die Lehrerinnen stehen für Fragen immer zur Verfügung und helfen, wenn es bei einer Rechnung mal hapert. So kann jedes Kind in seinem Tempo lernen. Jeden Freitag lesen drei Kinder aus ihrem Geschichtenheft vor. In diesem Heft tragen die Kinder ihre Erlebnisse der Woche in Worten oder Bildern ein.

Während Kinder in den herkömmlichen Klassen oft ihre feste Rolle einnehmen, profitieren die Kinder der Basisstufe von der Altersdurchmischung. Indem jedes Jahr neue Schülerinnen und Schüler hinzukommen und andere gehen, verändern sich auch die Hierarchien und die sozialen Positionen der Kinder. Alle sind zuerst die Kleinen, dann die Grossen. Alle erleben unterschiedliche Gruppen und unterschiedliche Lehrerinnen. Davon profitieren alle: Die Älteren kümmern sich um die Jüngeren, übernehmen Verantwortung und beschützen sie. Die Jüngeren orientieren sich an den Älteren und sind motiviert, zu lernen, was ihre Kameraden schon können. Und das Lehrerinnenteam besteht aus Kindergärtnerin, Primarlehrerin und einer Heilpädagogin, was nicht nur von den Kindern, sondern auch von den Lehrkräften geschätzt wird.

(«Jungfrau Zeitung» vom 4. September 2008: «Kleine und grosse Vorbilder») nicht zur Diskriminierungsfalle wird, ist er nicht einfach von einem auf den anderen Elternteil übertragbar. Nebst Elternurlaub profitieren die Eltern von namhaften finanziellen Unterstützungen sowie von der niederschwelligen Erziehungsunterstützung durch die Kindertagesstätten.

Die Überlegungen zu einer modernen Pädagogik und zu einer modernen Schulorganisation führen zu Schlüssen, die ich in der Folge als Eckpunkte zusammenfassen und durch Eckpunkte für die Politik abrunden möchte. Darauf aufbauend schliesse ich mit meiner Vision einer Schule der Zukunft.

Eckpfeiler einer modernen Schule

> *«Am schlimmsten ist es, wenn die Schule mit Furcht, Zwang und künstlicher Autorität arbeitet. Solche Behandlung vernichtet das gesunde Lebensgefühl, die Aufrichtigkeit und das Selbstvertrauen des Schülers. Sie erzeugt den unterwürfigen Untertan.»*
>
> Albert Einstein, Physiker

Eckpunkte einer modernen Pädagogik

Lernen ist Beziehungsarbeit. Wir brauchen eine Pädagogik, die

- von den Erkenntnissen der ersten Lebensjahre ausgeht. Kinder sind neugierige Wesen, die aus eigenem Antrieb lernen und die Welt begreifen wollen.
- sich auf die Erkenntnisse der Entwicklungspsychologie stützt: Kinder entwickeln sich in unterschiedlichem Tempo und auf nicht voraussehbaren Pfaden. Gleichaltrige Kinder sind in ihrer Entwicklung an unterschiedlichen Punkten.
- den Erkenntnissen der Lernpsychologie folgt: Kinder lernen unterschiedlich. Während die einen übers Gehör aufnehmen, müssen die anderen den Lernstoff niederschreiben können, und während sich die einen beim konzentrierten Lernen nicht bewegen und kaum atmen, müssen andere beim Denken umhergehen.

Im Zentrum steht das einzelne Kind. Wir brauchen einen Unterricht, der

- dem einzelnen Kind gerecht wird. Dazu braucht es individuelle

Lehrpläne sowie Portfolios, in denen die Entwicklung und die Lernschritte der Kinder festgehalten werden.
- die Brücke zum Leben der Kinder ausserhalb der Schule schlägt. Kinder trennen Schule und Freizeit nicht. Für sie sind die Übergänge fliessend.
- sich nicht auf die Perfektionierung des Arbeitsblattes konzentriert, sondern eine methodische Vielfalt bietet.
- das individuelle Lernen ermöglicht und gleichzeitig das Zusammengehörigkeitsgefühl stärkt.

Das Berufsbild der Lehrkräfte verändert sich. Wir brauchen Lehrerinnen und Lehrer, die
- mit viel Einfühlungsvermögen auf die Kinder eingehen. Sie müssen die Lerntypen, Entwicklungstempi und Signale der Kinder richtig deuten und die Lernangebote entsprechend ausrichten.
- im Schulzimmer und im Schulhaus ein Klima des gegenseitigen Respektes, des Anstands und der Leistungsbereitschaft schaffen.
- Freude an der Verschiedenheit der Kinder haben und diese als motivierende Herausforderung sehen.
- fachlich, pädagogisch und methodisch in hohem Mass kompetent sind.
- sich ständig weiterbilden und sich mit den gesellschaftlichen Entwicklungen auseinandersetzen.
- den Eltern auf Augenhöhe begegnen und zur Zusammenarbeit bereit sind.

Es braucht eine engere Zusammenarbeit zwischen Schule und Elternhaus. Die Eltern müssen sich bewusst sein, dass
- sie die Verantwortung haben, die Kinder zu erziehen. Dazu gehört das Vorleben und Vermitteln der sozialen Kompetenzen wie Anstand und Respekt, aber auch die Förderung der Selbstkompeten-

zen wie Selbsteinschätzung, Selbstverantwortung und Selbststeuerung.

- sie Hilfe und Unterstützung in Anspruch nehmen können und müssen, wenn sie in der Erziehung an Grenzen stossen.
- Kinder kein Projekt sind, das man durchorganisieren kann. So sehr man den Erfolg fürs eigene Kind sucht: Kinder gehören sich in erster Linie selber und haben das Recht, sich entsprechend ihrer Talente und Fähigkeiten zu entwickeln.
- der Schulerfolg der Kinder auch von der Zusammenarbeit zwischen Schule und Elternhaus abhängt. Kinder, deren Eltern eine positive Haltung zur Schule und zu den Lehrkräften haben und ihnen mit Respekt begegnen, haben es einfacher als jene, auf deren Rücken ein Machtkampf tobt.
- ihr Interesse an der Schule und ihre Mitwirkung die Arbeit der Lehrkräfte massiv erleichtern. Wo Eltern und Lehrkräfte gut zusammenarbeiten, sind Kinder vor Loyalitätskonflikten geschützt und fühlen sich geborgen.

Eckpunkte einer modernen Schulorganisation

Schule ist Teamarbeit. Wir brauchen Schulen,

- in der alle zum Wohl der Kinder zusammenarbeiten und die Lehrkräfte bei Problemen rasch Unterstützung erhalten.
- die mit einer starken Leitung vor Ort für ein gutes und motivierendes Arbeits- und Lernklima sorgen.
- die durch Verbindlichkeit und Verantwortung Vertrauen schaffen.

Schule ist nebst der Familie der zweite zentrale Lebensraum der Kinder. Wir brauchen

- einen Ausbau der Bildungs- und Betreuungsangebote für die Kleinkinder sowie mehr Elternbildung und -beratung.

- Tagesstrukturen mit einem umfassenden pädagogischen Konzept, die Ruhe und Raum schaffen.

Schule ist das Tor zu Morgen. Die Schule muss
- den Lernstoff mit der Lebenswelt der Kinder in Verbindung bringen.
- den Sprachen einen zentralen Stellenwert beimessen.
- den Schwerpunkt auf die Schlüsselkompetenzen der Zukunft legen.

Erfolg ist auch eine Ressourcenfrage. Wir brauchen
- mindestens 150 Stellenprozente pro Klasse und Räumlichkeiten, die verschiedene Lernformen möglich machen.
- schlankere Schulverwaltungen und weniger Schulbehörden.
- HarmoS als ersten Schritt und darüber hinaus mehr interkantonale Zusammenarbeit.
- eine gezielte demokratische Mitwirkung, zum Beispiel durch ein Vernehmlassungsrecht für Kantonsparlamente bei der Weiterentwicklung der interkantonalen Zusammenarbeit.

Die Schule braucht starke Eltern. Wir brauchen eine Familienpolitik, die
- alle Eltern dazu befähigt, ihre Verantwortung wahrzunehmen.
- den Eltern durch Elternurlaub, existenzsichernde Löhne, finanzielle Entlastungen und niederschwellige Elternberatung die nötigen Ressourcen verschafft.

Eckpunkte einer modernen Bildungspolitik

Die Bildungspolitik muss die pädagogische und die organisatorische Erneuerung der Schule ermöglichen. Wir brauchen
- einen neuen Bildungsbegriff. Bildung beginnt am ersten Tag. Die

Teamarbeit und Mitbestimmung konkret: das Schulhaus Brühl in Solothurn

Die Primarschule Brühl befindet sich in einem sogenannten «schwierigen» Quartier mit hohem Ausländeranteil, Hochhäusern und bildungsfernen Familien. Um diese Herausforderungen zu meistern, setzt die Schule insbesondere auf Teamarbeit bei den Lehrkräften und auf Mitbestimmung bei den Kindern. Teamarbeit bedeutet konkret: In jahrgangsgemischten Klassen mit integrierter Kleinklasse werden in der Regel weder die fremdsprachigen Kinder noch jene mit speziellem Förderbedarf aus dem Klassenverband herausgenommen. Durch gemeinsame Unterrichtsvorbereitung und enger Zusammenarbeit von Klassenlehrern, Deutschzusatzlehrpersonen und schulischer Heilpädagogin soll eine Aussonderung vermieden werden. Teamarbeit heisst auch, regelmässig und häufig in klassendurchmischten Gruppen mit Lehrerteams zu arbeiten (Vollversammlungen, Spezialwochen, Tag des Kindes etc.).

Mitbestimmung bedeutet, dass es «Häuptlinge», ein Fairnesskomitee, Klassenräte, einen Elternrat und einen Schülerrat gibt. So bespricht man Probleme, findet Lösungen und erfüllt Wünsche. In der Umsetzung sind die Kinder federführend: Seit Jahren verkaufen sie selber hergestellte gesunde Znüni am Pausen-Kiosk. Den vierstelligen Betrag für den gewünschten Ping-Pong-Tisch verdienen sie mit gebastelten Kunstwerken. Sie arbeiten ein Konzept aus, wie es möglich wird, die Pause bei schlechtem Wetter drinnen zu verbringen: Spiele in der Aula und eine Ruhe-Oase in der Bibliothek. Für Ordnung sorgen die Schüler und Schülerinnen des Schülerrates. Klappt es nicht, müssen alle wieder nach draussen – bis jetzt funktioniert es einwandfrei.

(Cordes, Birgitt [2007]: «Teamwork». In: «Fritz+Fränzi» Nr. 1/2007; Informationen Schulleiterin Katharina Stebler)

Angebote in den ersten Lebensjahren (Krippen, Kindertagesstätten, Tagesfamilien) müssen gefördert, qualitativ aufgewertet und für alle Eltern finanziell zugänglich gemacht werden.

- Bildungspläne für alle Bildungsstufen, also für die Kinderkrippen, die Kindergärten, die Schule und die nachobligatorische Bildung. Diese müssen zusammenhängend konzipiert sein, vom selben Bildungsverständnis ausgehen und entsprechend in einheitlicher Sprache verfasst sein.
- eine Aus- und Weiterbildung für Lehrkräfte, die nebst fundiertem Fachwissen umfassende Kenntnisse über verschiedene Methoden, Wissen über die kulturellen und sozialen Hintergründe der Kinder sowie eine präzise Reflexion über gesellschaftliche Entwicklungen anbietet.
- Anstellungsbedingungen für Lehrkräfte auf allen Stufen, die das pädagogische Engagement fördern und die Fähigsten für diesen Beruf motivieren.
- genügend Ressourcen, um pro Klasse mindestens eine 150-Prozent-Stelle zu finanzieren. Dazu braucht es eine Umverteilung der Gelder weg von den Behörden und Strukturen, hin zu den Schulen. Zudem sollen die eingesparten Gelder durch den Rückgang der Kinderzahlen vollumfänglich wieder ins Bildungssystem investiert werden.
- Räume, die eine anregende und angstfreie Lernumgebung schaffen. Die Krippen, Kindergärten und Schulhäuser müssen so gebaut sein, dass sowohl individuelle Tätigkeiten als auch Gruppen- und Klassenarbeiten möglich und kombinierbar sind. Wichtig sind vor allem auch Bewegungs- und Rückzugsräume.
- klare Rahmenbedingungen für eine fruchtbare Zusammenarbeit zwischen Schule und Elternhaus.
- mehr Unterstützung für die Familie, sowohl finanziell als auch in Form von Elternbildung und -beratung.

Meine Schule ist eine Schule der Zukunft

Kein ausländisches Bildungssystem kann eins zu eins auf ein anderes Land übertragen werden. Zu verschieden ist die Ausgangslage (z. B. Zusammensetzung der Gesellschaft oder Besiedlungsdichte), und zu stark ist die Vernetzung mit dem politischen System (z. B. Gestaltung der demokratischen Rechte oder Föderalismus) und den kulturellen Prägungen (Sprachen oder die Regionalpolitik). Meine Schule der Zukunft ist deshalb keine Kopie, sondern eine Entwicklung, die auf den eigenen Stärken aufbaut und von den Erfolgen anderer Länder lernt.

Meine Schule der Zukunft ist eine Volksschule, die allen Kindern offen steht. Sie ist im Wohnquartier als Ganztagesschule organisiert und vereint Unterricht, selbständiges Lernen und Betreuung zu einem pädagogischen Ganzen. In ihrem pädagogischen Selbstverständnis geht sie von einem Kind aus, das gerne lernt und Herausforderungen meistern will. Sie unterstützt das Kind in seinem Lern- und Entdeckungswillen, indem sie eine anregende, konzentrierte und angstfreie Lernumgebung schafft.

Meine Schule der Zukunft beginnt in der Krippe und führt über die Eingangsstufe zur Grundschule (Primar- und Sekundarschule). Krippen sind freiwillig, müssen aber allen Kindern offen stehen und entsprechend wenig kosten. Kinder, die keine Krippe besuchen, haben ebenfalls Anrecht auf eine entsprechende Förderung. Wo dies das Elternhaus nicht gewährleisten kann, braucht es anderweitige Unterstützung. Spätestens ab dem Alter von drei Jahren können die Behörden das Recht der Kinder auf Frühförderung gegenüber den Eltern durchsetzen.

Meine Schule der Zukunft trainiert die fünf Schlüsselkompetenzen Lernfähigkeit, Denkfähigkeit, Kommunikationsfähigkeit, Konfliktfähigkeit und Orientierungsfähigkeit, indem sie den Schulalltag so gestaltet, dass Kinder Verantwortung für sich, aber auch das Zusammenleben mit den anderen übernehmen, und indem der Lernstoff so aufbereitet ist, dass er zu selbständigem Problemlösen anregt.

Meine Schule der Zukunft legt den Schwerpunkt auf die Sprache. Der Ausdruck in der Muttersprache und der Landessprache sowie das Verstehen werden ab der Krippe gefördert. Fremdsprachen werden ab Primarschule gelernt, wobei der Sprachunterricht stark mit dem Schulalltag verbunden wird.

Meine Schule der Zukunft fördert die Kinder ganzheitlich. Musik, Bewegung und Gestaltung, aber auch Experimentieren und Spielen mit Gefässen, Massen und Materialien aller Art ab Kleinkindalter fördern die musische, motorische, emotionale und sinnliche Entwicklung. Gleichzeitig legen sie den Grundstein für naturwissenschaftliches und mathematisches Wissen und wecken die Freude an diesen Disziplinen.

Meine Schule der Zukunft steht im Dialog mit der Gesellschaft und nimmt die aktuellen Themen und Herausforderungen auf. Umgang mit neuen Medien, Rollenbildern, Sexualität, Suchtprävention sowie Verkehrssicherheit haben Vorrang gegenüber Unterrichtseinheiten beispielsweise zum Leben der Steinzeitmenschen und Pfahlbauer. Die Schule zieht für einzelne Themen (z. B. Sexualkunde) externe Fachleute bei.

Meine Schule der Zukunft fördert das jeweilige Potenzial der Kinder. Individuelle Lehrpläne und Ziele sowie Leistungsgruppen ergänzen den Klassenunterricht. Hausaufgaben gibt es keine. Individuelle Aufgaben, um Erlerntes zu trainieren oder Angefangenes fertig zu machen, werden in der Schule erledigt.

Meine Schule der Zukunft kennt fast[13] keine Sonderschulen und bietet einen individualisierten Unterricht mit breiter Methodenviel-

13 Spezialschulen für Kinder mit Krankheiten oder Behinderungen sollen möglich sein. Grundsätzlich sollen die von Krankheiten oder schweren Lernbehinderungen betroffenen Kinder und deren Eltern mitentscheiden können, welche Schule gewählt wird.

falt. Sie selektioniert frühestens nach acht Jahren (zwei Jahre Eingangsstufe und sechs Jahre Primarschule). Beurteilungen von Schülerinnen und Schülern finden aufgrund transparenter, vergleichbarer und umfassender Kriterien statt. Auch nach einer Selektion wird die Durchlässigkeit gewahrt. Bei allen Entscheiden werden die Kinder und Eltern mit einbezogen und haben ein Mitspracherecht.

Meine Schule der Zukunft arbeitet interdisziplinär. Schule ist Teamarbeit. Fachleute aus der Sozialpädagogik, der Psychologie und der Medizin unterstützen die Lehrkräfte. Die nicht-pädagogischen Mitarbeiterinnen und Mitarbeiter an den Schulen (Abwart, Köchin usw.) sind vollwertige Mitglieder des Teams. Die Schule versteht sich als Lebensraum, den alle am Morgen betreten, um gemeinsam den Tag zu verbringen und am Abend nach Hause zu gehen. Kinder wie Lehrkräfte erledigen die Arbeit in der Schule.

Meine Schule der Zukunft hat mindestens 150 Stellenprozente pro Klasse. Wo der Anteil der Kinder mit besonderen Bedürfnissen oder mit Kindern aus bildungsfernen Familien gross ist, kann dieses Pensum aufgestockt werden. Die Verantwortung pro Klasse liegt bei einer Person (Klassenlehrkraft). Die Lehrkräfte sind für die von ihnen unterrichteten Fächer spezifisch ausgebildet.

Meine Schule der Zukunft ist innerhalb klarer Leitlinien autonom. Eine starke Schulleitung mit weitreichenden Kompetenzen und ebenso umfassenden Rechenschaftspflichten führt die Schule und ist Ansprechperson für Eltern, die politischen Behörden, die Vereine und alle, die mit der Schule zu tun haben. Die Schulleitung führt die Schule gestützt auf ein Leitbild. Sie überwacht die Erreichung der Lernziele und unternimmt das Nötige für ein motivierendes und transparentes Lern- und Arbeitsklima an der Schule. Die Schulleitung entscheidet gestützt auf das Personalrecht über Anstellung, Weiterbeschäftigung und allenfalls Entlassung aller Personen, die an einer Schule arbeiten. Die Schule verfügt über ein Budget, mit dem sie auf die Bedürfnisse vor Ort eingehen kann.

Meine Schule der Zukunft kann auf gut ausgebildete Lehrkräfte zählen, deren Eignung mittels Assessment geprüft wird. Sie bilden sich regelmässig weiter. Die Vielfalt und Verschiedenheit der Kinder ist für sie Motivation und Herausforderung und nicht die Abweichung von der Norm. Die Lehrkräfte verfügen über fundierte fachliche, methodische und psychologische Kenntnisse. Darüber hinaus sind sie geschult in interkultureller Pädagogik und kennen die soziale Realität ihrer Schülerinnen und Schüler.

Meine Schule der Zukunft nimmt die Eltern ernst und begegnet ihnen auf Augenhöhe. Es findet ein offener und regelmässiger Dialog über Erziehungs- und Bildungsfragen statt. Wo Eltern der Schule fernbleiben und ihre Kinder nicht unterstützen, werden durch entsprechende Fachleute Hausbesuche gemacht. Ziel ist, den Eltern die Bedeutung der Schule für ihre Kinder klarzumachen und aufzuzeigen, wie sie ihre Erziehungsverantwortung wahrnehmen können.

Meine Schule entwickelt sich ständig weiter. Klare Zielvorgaben, Transparenz, regelmässige Evaluationen sind das eine. Das andere sind die Schlüsse, die aus den Evaluationen gezogen werden sowie die nachfolgenden Massnahmen, die helfen sollen, die Ziele noch besser zu erreichen. Damit versteht sich die Schule als lernende Organisation.

Diese Schule steht auf dem Gipfel. Es ist eine Schule, die allen Kindern die Chance gibt, ihr Lern- und Leistungspotenzial auszuschöpfen. Es ist eine Schule, die diese lebendige Ruhe ausstrahlt, wie wir sie im Norden finden. Es ist eine Schule, in denen sich Kinder und Lehrpersonen wohlfühlen. Und so folgen wir auf dem Weg zum Gipfel dem Wegweiser, der festhält: Wir wollen Schulen, die das Lernen fördern. Und wir wollen Schulen, die durch Verantwortung und Verbindlichkeit Vertrauen schaffen.

Danke – Merci – Grazie

Zum Schluss möchte ich danken. Der erste Dank geht an meine beiden Mitschreiberinnen, Miriam Wetter und Eliane Fischer. Mit ihren Recherchen, Text- und Korrekturarbeiten haben sie das Buch überhaupt möglich gemacht. In diesen Dank einschliessen möchte ich Urs Moser, Heidi Simoni und Thomas Jaun für die fachlichen Inputs sowie die Lektorin Esther Hürlimann für den letzten sprachlichen Schliff. Ein grosser Dank geht an die porträtierten (Vor-)Schulen. Danken möchte ich zudem allen, die in den letzten Monaten und Wochen mitgedacht, mitgeholfen, mir anderes abgenommen, ihre Wünsche hintangestellt, immer mal wieder nachgefragt oder einfach auf bessere Zeiten gewartet haben. Dazu gehören Maurice, Tiemo, Nino, Denise, Margrith, Martina, Stéphane, Thomas, Marina, Pascale und Pascale, Silvia, Christian, Ursula, Ruth, Chantal, Andrea, Theres, Kathrin und viele andere.

Literaturverzeichnis

Aeberli, Christian und Charles Landert (2001): Potenzial Primarschule. Eine Auslegeordnung, einige weiterführende Ideen und ein Nachgedanke. Zürich: Avenir Suisse. http://www.avenir-suisse.ch/content/themen/fruehere-themen/bildung-innovation/potential-primarsch/mainColumnParagraphs/0/document1/potenzial_primarschule.pdf, Einsicht am 4. November 2008.

Anonymer Autor (2002): «Die ungestellten Fragen der Erziehungsdebatte». Wochenbericht Nr. 30. Zürich: Bank Julius Bär.

Armbruster, Ursula (2003): «Erziehung Bildung und Betreuung am Beispiel Schweden». In: Wehrmann, Ilse (Hrsg.): Kindergärten und ihre Zukunft. Berlin: Beltz Verlag. S. 530-544.

Bauer Tobias und Strub Silvia (2002): Ohne Krippe Grosi stünde vieles still. http://buerobass.ch/studienPopup_d.php?projektId=17

BAZ, Basler Zeitung vom 26. Februar 2008: «Dreijährige müssen Deutsch lernen. Der Kanton Basel-Stadt startet ein Frühförderprojekt für Kinder mit sprachlichen Defiziten».

BFS, Bundesamt für Statistik (2005): Eidgenössische Volkszählung 2000. Entwicklung der Sozialstruktur. Neuchâtel: BFS. http://www.bfs.admin.ch/bfs/portal/de/index/themen/20/22/publ.Document.63680.pdf, Einsicht am 4. November 2008.

BFS, Bundesamt für Statistik (2007a): Bildungslandschaft Schweiz 2006/07. http://www.portal-stat.admin.ch/isced97/files/ZH-2_d.htm, Einsicht am 4. November 2008.

BFS, Bundesamt für Statistik (2007b): Öffentliche Bildungsausgaben 2005. Bildungsstatistik Schweiz. Neuchâtel: BFS. http://www.bfs.admin.ch/bfs/portal/de/index/themen/18/22/publ.Document.103968.pdf, Einsicht am 4. November 2008.

BFS, Bundesamt für Statistik (2007c): Bildungsstatistik 2007. Neuchâtel: BFS. http://www.bfs.admin.ch/bfs/portal/de/index/

themen/15/22/publ.Document.103285.pdf, Einsicht am 4. November 2008.

BFS, Bundesamt für Statistik (2008a): Statistik der Schüler und Studierenden. Schüler und Studierende 2006/07. http://www.bfs.admin.ch/bfs/portal/de/index/infothek/lexikon/bienvenue_login/blank/zugang_lexikon.Document.21607.xls, Einsicht am 4. November 2008.

BFS, Bundesamt für Statistik (2008b): Schülerinnen und Schüler in Sonderklassen und Sonderschulen, 1980–2006. http://www.bfs.admin.ch/bfs/portal/de/index/themen/15/02/key/ind5.Document.103556.xls#Entwicklung!A1, Einsicht am 4. November 2008.

BFS, Bundesamt für Statistik (2008c): Abgeschlossene Ausbildungen auf der Sekundarstufe II. http://www.bfs.admin.ch/bfs/portal/de/index/themen/15/02/key/ind5.indicator.50102.514.html?open=4#4, Einsicht am 4. November 2008.

BFS, Bundesamt für Statistik (2008d): Abschlussquote Hochschulen. http://www.bfs.admin.ch/bfs/portal/de/index/themen/15/02/key/ind5.indicator.50103.514.html?open=4#4, Einsicht am 4. November 2008.

BFS, Bundesamt für Statistik (2008e): Eintritte in die Berufsbildung. http://www.bfs.admin.ch/bfs/portal/de/index/themen/20/05/blank/key/gleichstellung_und/eintritte_in_berufsbildungen.html Einsicht am 4. November 2008.

BFS, Bundesamt für Statistik (2008f): Studierende an den universitären Hochschulen. http://www.bfs.admin.ch/bfs/portal/de/index/themen/15/06/data.Document.80560.xls, Einsicht am 3. Oktober 2008.

BFS, Bundesamt für Statistik (2008g): Studierende an den Fachhochschulen. http://www.bfs.admin.ch/bfs/portal/de/index/themen/15/06/data.Document.80555.xls, Einsicht am 4. November 2008.

BFS, Bundesamt für Statistik (2008h): Familienergänzende Kinderbetreuung. http://www.bfs.admin.ch/bfs/portal/de/index/thmen/20/05/blank/key/Vereinbarkeit/05.html, Einsicht am 4. November 2008.

BFS, Bundesamt für Statistik (2008i): Anzahl Kinderkrippen und Kinderhorte. http://www.bfs.admin.ch/bfs/portal/de/index/themen/20/05/blank/key/Vereinbarkeit/06.html, Einsicht am 4. November 2008.

BFS, Bundesamt für Statistik (2008j): Kulturelle Heterogenität an der obligatorischen Schule. Entwicklung. http://www.bfs.admin.ch/bfs/portal/de/index/themen/15/02/key/ind5.indicator.50306.513.html?open=1#1, Einsicht am 4. November 2008.

BFS, Bundesamt für Statistik (2008k): Kulturelle Heterogenität an der obligatorischen Schule. Kanton. http://www.bfs.admin.ch/bfs/portal/de/index/themen/15/02/key/ind5.indicator.50306.513.html?open=502#502, Einsicht am 4. November 2008.

BFS, Bundesamt für Statistik (2008l): Statistik der Schüler und Studierenden. Selektion auf der Sekundarstufe I. http://www.bfs.admin.ch/bfs/portal/de/index/themen/15/02/key/ind5.Document.103528.xls, Einsicht am 4. November 2008.

BFS, Bundesamt für Statistik (2008m): Statistik der Schüler und Studierenden. Repetition in der obligatorischen Schule. http://www.bfs.admin.ch/bfs/portal/de/index/themen/15/02/key/ind5.Document.103512.xls, Einsicht am 4. November 2008.

BFS, Bundesamt für Statistik (2008n): Statistik der Schüler und Studierenden. Überweisungsrate in Sonderklassen und Sonderschulen. http://www.bfs.admin.ch/bfs/portal/de/index/themen/15/02/key/ind5.Document.103556.xls, Einsicht am 4. November 2008.

BFS, Bundesamt für Statistik (2008o): Ausländische Wohnbevölkerung nach Anwesenheitsbewilligung, 1964–2006. http://www.bfs.admin.ch/bfs/portal/de/index/themen/01/07/blank/data/01.Document.88341.xls, Einsicht am 04. November 2008.

BFS, Bundesamt für Statistik (2008p): Ausgaben von Bund, Kantonen und Gemeinden. http://www.bfs.admin.ch/bfs/portal/de/index/themen/15/02/key/ind5.Document.105744.xls, Einsicht am 4. November 2008.

BFS, Bundesamt für Statistik (2008q): Methodologie. http://www.bfs.admin.ch/bfs/portal/de/index/themen/15/02/key/ind5.informations.50210.html, Einsicht am 4. November 2008.

BFS, Bundesamt für Statistik (2008r): Internationaler Vergleich. http://www.bfs.admin.ch/bfs/portal/de/index/themen/15/02/key/ind5.indicator.50210.html?open=2#2, Einsicht am 4. November 2008.

BFS, Bundesamt für Statistik (2008s): Öffentliche Bildungsausgaben in Prozent des Bruttoinlandprodukts. http://www.bfs.admin.ch/bfs/portal/de/index/themen/15/02/key/ind5.Document.105732.xls, Einsicht am 4. November 2008.

BFS, Bundesamt für Statistik (2008t): Öffentliche Bildungsausgaben in Prozent des Bruttoinlandprodukts. Internationaler Vergleich. http://www.bfs.admin.ch/bfs/portal/de/index/themen/15/02/key/ind5.indicator.50206.html?open=2#2, Einsicht am 4. November 2008.

BFS, Bundesamt für Statistik (2008u): Öffentliche Bildungsausgaben pro Schüler/Studierenden. http://www.bfs.admin.ch/bfs/portal/de/index/themen/15/02/key/ind5.Document.105720.xls, Einsicht am 4. November 2008.

BFS, Bundesamt für Statistik (2008v): Lohnniveau – im öffentlichen Sektor. http://www.bfs.admin.ch/bfs/portal/de/index/themen/03/04/blank/key/lohnstruktur/im_oeffentlichen_sektor.html, Einsicht am 4. November 2008.

Bildungsdirektion Kanton Zürich (2005a): Für die Schule bereit? Lernstandserhebung beim Eintritt in die ersten Klassen des Kantons Zürich. Zürich: Bildungsdirektion Kanton Zürich.

Bildungsdirektion Kanton Zürich (2005b): Volksschulgesetz (VSG).

http://www2.zhlex.zh.ch/appl/zhlex_r.nsf/WebView/13EF955B1682B079C12573B50025B2CC/$File/412.100_7.2.05_59.pdf, Einsicht am 4. November 2008.

Bildungsdirektion Kanton Zürich (2007a): Sonderpädagogische Massnahmen. Bildungsstatistik Kanton Zürich. http://www.bista.zh.ch/sop/SOP-Massnahmen.aspx?k=5&k1=ausl&k2=ch. Einsicht am 17. Juli 2008.

Bildungsdirektion Kanton Zürich (2007b): Volksschule. Bildungsstatistik Kanton Zürich. http://www.bista.zh.ch/vs/Volksschule.aspx, Einsicht am 4. November 2008.

Bildungsdirektion Kanton Zürich (2007c): Herkunft und Heterogenität im Bildungswesen. Bildungsstatistik Kanton Zürich. http://www.bista.zh.ch/vs/NationB.aspx, Einsicht am 4. November 2008.

Bildungsdirektion Kanton Zürich (2008a): Sonderpädagogik. http://www.bista.zh.ch/sop/Sonder.aspx, Einsicht am 4. November 2008.

Bildungsdirektion Kanton Zürich (2008b): Projekt Spielgruppen-Plus. http://www.ajb.zh.ch/Projekte/spielgruppeplus/, Einsicht am 4. November 2008.

Bildungsdirektion Kanton Zürich (2008c): Drei Jahre danach. Lernstand der Schulanfängerinnen und -anfänger von 2003 am Ende der 3. Klasse. Zürich: Bildungsdirektion Kanton Zürich. http://www.bildungsdirektion.zh.ch/internet/bi/de/Direktion/planung/de/Projekte/Lernstand/lernstand7.SubContainerList.SubContainer1.ContentContainerList.0004.DownloadFile.pdf, Einsicht am 4. November 2008.

Bildungsdirektion Kanton Zürich (2008d): Website des Volksschulamtes des Kantons Zürich zur Umsetzung des neuen Volksschulgesetzes. http://www.volksschulamt.zh.ch/site/index_gast-d-163-23-163-urlvars-.html, Einsicht am 4. November 2008.

Bildungsdirektion Kanton Zürich (2008e): Umsetzungsbereiche des neuen Volksschulgesetzes. http://www.volksschulamt.zh.ch/site/index_gast-d-1741-23-1859.html, Einsicht am 4. November 2008.

Bless, Gérard (1995): Zur Wirksamkeit der Integration. Forschungsüberblick, praktische Umsetzung einer integrativen Schulform, Untersuchungen zum Lernfortschritt. Bern: Haupt.

Bless, Gérard, Marianne Schüpbach und Patrick Bonvin (2004): Klassenwiederholung. Determinanten, Wirkungen und Konsequenzen. Bern: Haupt.

Bourdieu, Pierre (1983): Die feinen Unterschiede: Kritik der gesellschaftlichen Urteilskraft. Frankfurt a.M.: Suhrkamp.

BSV, Bundesamt für Sozialversicherungen (2008): Finanzhilfen für familienergänzende Kinderbetreuung: Bilanz nach fünf Jahren. http://www.bsv.admin.ch/praxis/kinderbetreuung/00112/index.html?lang=de, Einsicht am 4. November 2008.

Bütler, Monika (2007): «Arbeiten lohnt sich nicht – ein zweites Kind noch weniger. Zum Einfluss einkommensabhängiger Tarife in der Kinderbetreuung». Perspektiven der Wirtschaftspolitik Band 8 Heft 1.

Coradi Vellacott, Maja, Judith Hollenweger, Michel Nicolet und Stefan Wolter (2003): Soziale Integration und Leistungsförderung. Thematischer Bericht der Erhebung PISA 2000. Neuchâtel: Bundesamt für Statistik, Schweizerische Konferenz der Erziehungsdirektoren. http://www.bfs.admin.ch/bfs/portal/de/index/news/publikationen.Document.26274.pdf, Einsicht am 4. November 2008.

Der Beobachter Nr. 12 vom 11.6.2008: «Wenn Schulprobleme schwarz-weiss gesehen werden».

Der Bund vom 4. Juli 2008: «Schwarze und weisse Schulen».

Die Südostschweiz am Sonntag vom 29. Juni 2008: «Die Staatsschule ist nicht am Ende».

EDK, Schweizerische Konferenz der kantonalen Erziehungsdirektoren (2008a): Promotion: Instanzen, Entscheid. http://www.edk.ch/dyn/15812.php, Einsicht am 4. November 2008.

EDK, Schweizerische Konferenz der Erziehungsdirektoren (2008b): Kurzinformation zu HarmoS. http://www.edudoc.ch/static/web/arbeiten/harmos/kurz_info_d.pdf Einsicht am 4. November 2008.

EDK, Schweizerische Konferenz der kantonalen Erziehungsdirektoren (2008c): Bildungsmonitoring. http://www.edk.ch/dyn/11663.php, Einsicht am 4. November 2008.

EDK, Schweizerische Konferenz der kantonalen Erziehungsdirektoren (2008d): Schülerbeurteilung: Noten, Lernbericht, andere Verfahren. http://www.edk.ch/dyn/15780.php, Einsicht am 4. November 2008.

EDK, Schweizerische Konferenz der kantonalen Erziehungsdirektoren (2008e): Kantonsumfrage, Schuljahr 2007/2008. Beurteilung der Schülerinnen und Schüler. http://www.edudoc.ch/static/strukturdaten/pdf_visualisierung_d/16_v_S_beurteilung_d.pdf, Einsicht am 4. November 2008.

EDK, Schweizerische Konferenz der Erziehungsdirektoren (2008f): EDK-Portrait. http://www.edudoc.ch/static/web/edk/port_edk_d.pdf, Einsicht am 4. November 2008.

EDK, Schweizerische Konferenz der kantonalen Erziehungsdirektoren (2008g): Bildungsstandards. http://www.edk.ch/dyn/12930.php, Einsicht am 4. November 2008.

Erziehungsdepartement Kanton Schaffhausen (2005): Merkmale für Unterrichtsqualität. Ein Leitfaden zur Qualitätsarbeit im Unterricht. http://www.schule.sh.ch/typo3conf/ext/naw_securedl/secure.php?u=0&file=fileadmin/Dok/Unterricht/Unterrichtsqualitaet/unterrichtsqualitaet_broschuere_sh_05.pdf&t=1218290385&hash=f02c45d039848ca900d39876fa1d8450, Einsicht am 4. November 2008.

FAJE-VD, Fondation pour l'accueil de jour des enfants (2008): Rapport Annuel 2007. http://www.faje-vd.ch/actualite/Rapportannuel2007.pdf, Einsicht am 4. November 2008.

Fehr, Jacqueline (2003): Luxus Kind? Vorschläge für eine neue Familienpolitik. Zürich: Orell Füssli Verlag.

Fritschi, Tobias und Tom Oesch (2008): Volkswirtschaftlicher Nutzen von frühkindlicher Bildung in Deutschland. Eine ökonomische Bewertung langfristiger Bildungseffekte bei Krippenkindern. Bertelsmann Stiftung Deutschland. http://www.bertelsmann-stiftung.de/bst/de/media/xcms_bst_dms_23966_23968_2.pdf, Einsicht am 4. November 2008.

Grossenbacher, Silvia und Gerd Oberdorfer (2006): Vom erfolgreichen Umgang mit Heterogenität. Positionspapier der Pädagogischen Kommission des LCH. http://www.lch.ch/dms-static/8e22dcad-c9a7-425a-bf73-4dbafc9e9f12/060830_papier_heterogenitaet.pdf, Einsicht am 4. November 2008.

Haeberlin Urs, Winfried Kronig und Christian Imdorf (2004): Von der Schule in die Berufslehre. Untersuchungen zur Benachteiligung von ausländischen und von weiblichen Jugendlichen bei der Lehrstellensuche. Bern: Haupt.

Heckman, James (2008): «School, Skills and Synapses» Rede an der Marbach Konferenz der Jacobs Foundation. http://www.jacobs-foundation.org/cms/index.php?id=382&L=1, Einsicht am 4. November 2008.

Heckman, James und Dimitriy Masterov (2007): «The Productivity Argument for Investing in Young Children». Discussion Paper No. 2725. Institute for the Study of Labor. ftp://repec.iza.org/RePEc/Discussionpaper/dp2725.pdf, Einsicht am 4. November 2008.

Hutmacher, Walo (2005): «Ist unsere Schule in den Augen der BürgerInnen gerecht?». VPOD Bildungspolitik Nr. 142/44.

Institut für Bildungsevaluation (2008): Evaluation der Schulversuche ‚Grund- und Basisstufe'. http://www.ibe.uzh.ch/projekte/grundundbasisstufe.html, Einsicht am 4. November 2008.

Kanton Aargau (2007): Planungsbericht Bildungskleeblatt. Aarau: Departement Bildung, Kultur und Sport. http://www.ag.ch/bildungskleeblatt/shared/dokumente/pdf/07-05-29-planungsbericht_hauptteil.pdf, Einsicht am 4. November 2008.

Kanton Aargau (2008): Bildungskleeblatt. Beschlüsse des Grossen Rats vom 25. September 2007. Aarau: Departement Bildung, Kultur und Sport. http://www.ag.ch/bildungskleeblatt/shared/dokumente/pdf/kurzfassung_feb_2008.pdf, Einsicht am 4. November 2008.

Kanton Luzern (2008a): Ganzheitlich beurteilen und fördern (GBF). http://www.volksschulbildung.lu.ch/index/ganzheitlich-beurteilen-foerdern.htm, Einsicht am 4. November 2008.

Kanton Luzern (2008b): Neues Zeugnis, Übersicht. http://www.volksschulbildung.lu.ch/neues-zeugnis_uebersicht.pdf, Einsicht am 4. November 2008.

Krebs, Angelika (Hrsg.) (2000): Gleichheit oder Gerechtigkeit: Texte der neuen Egalitarismuskritik. Frankfurt a. M.: Suhrkamp.

Kronig, Winfried, Urs Haeberlin und Michael Eckhart (2000): Immigrantenkinder und schulische Selektion. Pädagogische Visionen, theoretische Erklärungen und empirische Untersuchungen zur Wirkung integrierender Schulformen in den Grundschuljahren. Bern: Haupt.

Künzli, Rudolf (2006): «Standards statt Lehrpläne – zurück zu den Bildungsinhalten?». In: Criblez, Lucien, Peter Gautschi, Pia Hirt Monico und Helmut Messner (Hrsg.): Lehrpläne und Bildungsstandards. Was Schülerinnen und Schüler lernen sollen. Bern: h.e.p. verlag ag. S. 83-102.

Landry, Françoise (2006): Les conditions de promotion et d'orientation au cours de la scolarité obligatoire en Suisse Romande et au Tessin. Pratiques cantonales concernant l'organisation d'épreuves, d'examens, de tests ainsi que l'obtention de certificats ou dimplômes. Année scolaire 2006–2007. http://edudoc.ch/getfile.py?recid=2509, Einsicht am 4. November 2008.

Lanfranchi, Andrea (2001): «Die Mitwirkung der Migranteneltern». In: SKBF, Schweizerische Koordinationsstelle für Bildungsforschung (Hrsg.): Die Beziehung Schule-Familie in der Schweiz. Im Schnittpunkt der Veränderungen. Trendbericht Nr. 4. Aarau: SKBF. S. 83-84.

Lanfranchi, Andrea (2007): Schulerfolg für alle Kinder – einige einfache Fragen und schwierige Antworten. http://www.hfh.ch/webautor-data/79/9fragenantworten.pdf, Einsicht am 4. November 2008.

Largo, Remo (2000): Kinderjahre. München: Piper Verlag.

Largo, Remo (2007): Babyjahre. München: Piper Verlag.

Leuenberger, Moritz (2007): «Chancengleichheit». Rede an der Delegiertenversammlung der SP Schweiz in Locarno. http://www.uvek.admin.ch/dokumentation/00476/00477/01264/index.html?lang=de, Einsicht am 4. November 2008.

Leuthold, Heiri (2008): Die Auslagerung der Oberstufe Neuenhof nach Baden. Eine Aufstellung und Beurteilung von Pro- und Contra-Argumenten auf der Basis aktueller wissenschaftlicher Diskurse. Zürich: Forschungsstelle sotomo am Geographischen Institut, Universität Zürich. http://www.schuleneuenhof.ch/fileadmin/filesharing/Dokumente/1Home_Aktuell/bericht_neuenhof.pdf, Einsicht am 4. November 2008.

Levy, René, Dominique Joye, Olivier Guye und Vincent Kaufmann (1998): Alle gleich? Soziale Schichtung, Verhalten und Wahrnehmung. Zürich: Seismo.

Maradan, Olivier und Max Mangold (2005): «Bildungsstandards in der Schweiz. Das Projekt HarmoS». ph | akzente 2/2005. http://www.phzh.ch/webautor-data/208/oma_phakzente05-2.pdf, Einsicht am 4. November 2008.

Martin, Jochen und Norbert Zwölfer (2007): Geschichtsbuch 1. Berlin: Cornelsen Verlag.

Martin Korpi, Barbara (2005): «Grundlage für lebenslanges Lernen». Kinder in Europa Nr. 9.

MBJS, Ministerium für Bildung, Jugend und Sport des Bundeslandes Brandenburg (2008): Curriculum für die Vorschule (LFPÖ 98). Schweden. http://www.mbjs.brandenburg.de/media/lbm1.a.1231.de/curriculum_vorschule_schweden_lpf_98_.pdf, Einsicht am 4. November 2008.

Mikkola, Armi (2003): Finnische Lehrerausbildung. http://www.finnland-institut.de/fileadmin/content/de/Publikationen/PDFs/Armi_Mikkola.pdf, Einsicht am 4. November 2008.

MMI, Marie Meierhofer-Institut (1998): Startbedingungen für Familien. Zürich: Verlag pro juventute.

Moser, Urs und Heinz Rhyn (2000): Lernerfolg in der Primarschule: eine Evaluation der Leistungen am Ende der Primarschule. Aarau: Bildung Sauerländer.

Moser, Urs, Florian Keller und Sarah Tresch (2002): Evaluation der 3. Primarschulklassen. Wichtige Ergebnisse und Folgerungen. http://www.bildungsdirektion.zh.ch/internet/bi/de/Direktion/planung/de/Projekte/schulleistungsstudien.SubContainerList.SubContainer1.ContentContainerList.0046.DownloadFile.pdf, Einsicht am 4. November 2008.

Moser, Urs und Sarah Tresch (2003): Best Practice in der Schule. Von erfolgreichen Lehrerinnen und Lehrern lernen. Buchs: Lehrmittelverlag des Kantons Aargau.

Moser, Urs (2004): Folgerungen aus PISA. Referat anlässlich der Tagung 'Textverständnis' vom 26. März 2004 in Zürich. http://www.ibe.uzh.ch/downloads/vortraege/Folgerungen_PISA.pdf, Einsicht am 4. November 2008.

Moser, Urs, Margrit Stamm und Judith Hollenweger (2005): Für die

Schule bereit? Lesen, Wortschatz, Mathematik und soziale Kompetenzen beim Schuleintritt. Oberentfelden: Sauerländer.

Moser, Urs (2007a): Analyse zur Volksschule zuhanden der SP Schweiz. Zürich: Institut für Bildungsevaluation. http://www.ibe.uzh.ch/downloads/berichte/AnalyseVolksschule0707.pdf, Einsicht am 4. November 2008.

Moser, Urs (2007b): «Soziale Schweiz – Chancengleichheit in der Volksschule». Inputreferat an der Delegiertenversammlung der SP Schweiz am 30. Juni 2007 in Olten. http://www.ibe.uzh.ch/downloads/vortraege/SozialeSchweiz.pdf, Einsicht am 4. November 2008.

Moser, Urs (2008): «Zur Notwendigkeit von Lernstandserhebungen im Vorschulalter». Referat am Bildungstag der SP des Kantons Zürich vom 24. Mai 2008. http://www.ibe.uzh.ch/downloads/vortraege/SP_ZH_Moser_2008.pdf, Einsicht am 4. November 2008.

Moser, Urs, Nicole Bayer und Simone Berweger (2008): Summative Evaluation Grundstufe und Basisstufe. Zwischenbericht zuhanden der EDK-Ost. Zürich: Universität Zürich. http://www.ibe.uzh.ch/projekte/Zusammenfassung_EDKOST_2008.pdf, Einsicht am 4. November 2008.

NKS, Netzwerk Kinderbetreuung Schweiz (2008): Charta zur Qualität familienergänzender Kinderbetreuung. http://netzwerk-kinderbetreuung.ch/files/Charta.pdf, Einsicht am 4. November 2008.

NZZ, Neue Zürcher Zeitung vom 10. November 2004: «Die Schweiz wird immer gebildeter. Soziale Herkunft bleibt Haupthürde für Bildungserfolg».

NZZ, Neue Zürcher Zeitung vom 14. Januar 2008: «Vorschulkinder im Treibhaus. Gefährliche Euphorie ehrgeiziger Eltern bei der Förderung ihrer Kinder».

NZZ, Neue Zürcher Zeitung vom 12. Februar 2008: «Die schwierige

Frage der Krippenfinanzierung. Von Gutscheinen, Steuererleichterungen und Pilotversuchen».

NZZ, Neue Zürcher Zeitung vom 17. März 2008: «Bildung beginnt mit der Geburt. Für ein zeitgemässes Verständnis von früher Bildung und Förderung».

NZZ, Neue Zürcher Zeitung vom 20. Juni 2008: «Spielen und Lernen im gleichen Schulraum passen zusammen. Erste Erkenntnisse aus den Versuchen mit der Grundstufe im Kanton Zürich und in anderen Kantonen».

NZZ , Neue Zürcher Zeitung vom 25. Juni 2008: «Gesamtschweizerische Harmonisierung auch für Babys? Vorstösse für die Schaffung umfassender Kleinkinderbetreuung».

NZZ, Neue Zürcher Zeitung vom 12. Juli 2008: «Eltern im Laufgitter».

NZZ am Sonntag vom 4. Mai 2008: «Schulwahl in Skandinavien. Alle Länder haben Gesamtschulsysteme ohne Selektion».

NZZ am Sonntag vom 27. Juli 2008: «Steigende Geburtenzahl in der Schweiz bereitet Freude».

OECD, Organisation for Economic Co-operation and Development (2001): Lernen für das Leben. Erste Ergebnisse der internationalen Schulleistungsstudie PISA 2000. Paris: OECD. http://www.oecd.org/dataoecd/44/31/33691612.pdf, Einsicht am 4. November 2008.

OECD, Organisation for Economic Co-operation and Development (2004): Lernen für die Welt von morgen. Erste Ergebnisse von PISA 2003. Paris: OECD. http://www.pisa.oecd.org/dataoecd/18/10/34022484.pdf, Einsicht am 4. November 2008.

OECD, Organisation for Economic Co-operation and Development (2006a): Education at a Glance 2006. Indicator C1: Enrolment in education from primary education to adult life. http://dx.doi.org/10.1787/501311534752, Einsicht am 4. November 2008.

OECD, Organisation for Economic Co-operation and Development

(2006b): Where immigrant students succeed – A comparative review of performance and engagement in PISA 2003. Paris: OECD. http://www.oecd.org/dataoecd/2/38/36664934.pdf, Einsicht am 4. November 2008.

OECD, Organisation for Economic Co-operation and Development (2006c): Education at a Glance 2006. Indicator D2: Class Size and Ratio of Students to Teaching Staff. http://dx.doi.org/10.1787/820163452458, Einsicht am 4. November 2008.

OECD, Organisation for Economic Co-operation and Development (2006d): Education at a Glance 2006. Indicator D3: Teacher's Salaries. http://dx.doi.org/10.1787/320250530558, Einsicht am 4. November 2008.

OECD, Organisation for Economic Co-operation and Development (2007a): Education at a Glance 2007. OECD Indicators. Paris: OECD. http://www.oecd.org/dataoecd/36/4/40701218.pdf, Einsicht am 4. November 2008.

OECD, Organisation for Economic Co-operation and Development (2007b): PISA 2006. Science Competencies for Tomorrow's World. Volume 1: Analysis. Paris: OECD. http://www.oecd.org/dataoecd/30/17/39703267.pdf, Einsicht am 4. November 2008.

Oelkers, Jürgen (2004): «Jugend, Konsum und Masslosigkeit?». Vortrag in der Veranstaltungsreihe Elternbildung Winterthur zum Thema ‚Wandel im Familien- und Erziehungsalltag' am 21. September 2004 in Winterthur. http://www.paed.uzh.ch/ap/downloads/oelkers/Vortraege/149_Winterthur.pdf, Einsicht am 4. November 2008.

Oelkers, Jürgen (2005): «Der kleine Unterschied; Verschiedene Geschlechter – gleiche Erziehung?». Vortrag in der Elternrunde Wettingen am 8. März 2005 in Wettingen. http://www.paed.uzh.ch/ap/downloads/oelkers/Vortraege/179_WettingenEltern.pdf, Einsicht am 4. November 2008.

Oelkers, Jürgen (2007a): «Freie Schulwahl durch Bildungsgutscheine:

Ein Beitrag zur Schulreform in Berlin?». Vortrag anlässlich eines Werkstattgesprächs des Arbeitskreises Neue Erziehung e.V. am 7. Dezember 2007 in Berlin. http://www.paed.uzh.ch/ap/downloads/oelkers/Vortraege/304_BerlinSchulwahl.pdf, Einsicht am 4. November 2008.

Oelkers, Jürgen (2007b): «Wettbewerb und Schulentwicklung». Eröffnungsvortrag auf der Mitarbeitertagung der Schule Schloss Salem am 21. Oktober 2007 im Kloster Heiligenkreuztal. http://www.paed.uzh.ch/ap/downloads/oelkers/Vortraege/290_Salem.pdf, Einsicht am 4. November 2008.

Oelkers, Jürgen (2007c): Expertise Bildungsgutscheine und Freie Schulwahl. Bericht zuhanden der Erziehungsdirektion des Kantons Bern. Bern: Erziehungsdirektion des Kantons Bern. http://www.erz.be.ch/site/expertise_bildungsgutscheine_und_freie_schulwahl_vollstaendige_fassung_.pdf, Einsicht am 4. November 2008.

Oelkers, Jürgen (2008a): «Markt oder Staat? Erfahrungen mit Wettbewerb im Bildungswesen». Vortrag im Rahmen der Werkstattgespräche des Arbeitskreises Neue Erziehung e.V. am 12. Juni 2008 in Berlin. http://www.paed.uzh.ch/ap/downloads/oelkers/Vortraege/321_BerlinMarktoderStaat.pdf, Einsicht am 4. November 2008.

Oelkers, Jürgen (2008b): «Neoliberale Bildungsmärkte: Ein Vorbild für die Schweiz?». Vortrag im Rahmen der Reihe ‚Private versus Public? Vermarktungs- und Privatisierungstrends im Sozialbereich' am 22. April 2008 an der Universität Fribourg. http://www.paed.uzh.ch/ap/downloads/oelkers/Vortraege/317_VortragFribourg.pdf, Einsicht am 4. November 2008.

Oelkers, Jürgen (2008c): «Innovation durch freie Schulwahl und Privatschulen? Ein Blick über die Grenzen». Vortrag auf dem Symposium 2008 der Konferenz der kantonalen Kader für die Volksschulen (KKV) am 11. Juli 2008 im Hotel Alexander-Gerbi in

Weggis. http://www.paed-work.unizh.ch/ap/downloads/oelkers/Vortraege/327_Weggis.pdf, Einsicht am 4. November 2008.

Regierungsrat St. Gallen (2007): «Maximal-Ausländerquote für Schulen und Kindergärten». Schriftliche Antwort der Regierung vom 30. Oktober 2007. https://www.ratsinfo.sg.ch/home/geschaefte_nach_themen.Document.B2F80B17-863F-4E10-9D1F-2317-AEA15091.html, Einsicht am 4. November 2008.

Rüesch, Peter (1999): Gute Schulen im multikulturellen Umfeld: Ergebnisse aus der Forschung zur Qualitätssicherung. Zürich: Orell Füssli Verlag.

Rüttimann, Dieter (2008): «Lehrpersonen für den Umgang mit Heterogenität fit machen». Bildung Schweiz 1/2008. http://www.lch.ch/dms-static/2396fea6-de3f-4e3d-8095-f21f4f719442/fit-machen.pdf, Einsicht am 4. November 2008.

Sachverständigenrat-Wirtschaft (2004): Erfolge im Ausland – Herausforderungen im Inland. Jahresgutachten 2004/05. Wiesbaden: Sachverständigenrat-Wirtschaft. http://www.sachverstaendigenrat-wirtschaft.de/gutacht/ga-content.php?gaid=40&node=f, Einsicht am 4. November 2008.

Schultheis, Franz, Pasqualina Perrig-Chiello und Stefan Egger (Hrsg.) (2008): Kindheit und Jugend in der Schweiz. Basel: Beltz Verlag.

Schütz, Gabriela, Martin West und Ludger Wössmann (2007): School Accountability, Autonomy, Choice, and the Equity of Student Achievement: International Evidence from PISA 2003. Paris: OECD.

Schwedisches Institut (2001): Gymnasialschule und Erwachsenenbildung. http://www.sweden.se/upload/Sweden_se/german/factsheets/SI/Gymnasialschule_und_Erwachsenenbildung_TS64o.pdf, Einsicht am 4. November 2008.

Schwedisches Institut (2007): Die schwedische Ausbildung. http://www.sweden.se/upload/Sweden_se/german/factsheets/SI/Die_

schwedische_Ausbildung_TS38a.pdf, Einsicht am 4. November 2008.

Senatsverwaltung für Bildung, Jugend und Sport (2004): Berliner Bildungsprogramm für die Bildung, Erziehung und Betreuung von Kindern in Tageseinrichtungen bis zu ihrem Schuleintritt. Berlin: verlag das netz. http://www.berlin.de/imperia/md/content/sen-bildung/bildungswege/vorschulische_bildung/berliner_bildungsprogramm_2004.pdf, Einsicht am 4. November 2008.

Simoni, Heidi (2004): «Kleinkinder im Kontakt mit anderen Kindern und Erwachsenen». undKinder Nr. 74.

SKBF, Schweizerische Koordinationsstelle für Bildungsforschung (2005): Chancengerechtigkeit im schweizerischen Bildungswesen. Trendbericht Nr. 9. Aarau: SKBF.

SKBF, Schweizerische Koordinationsstelle für Bildungsforschung (2007): Bildungsbericht Schweiz 2006. Aarau: SKBF. http://www.skbf-csre.ch/fileadmin/files/pdf/bildungsmonitoring/Bildungsbericht.d2006.pdf, Einsicht am 4. November 2008.

SNF, Schweizerischer Nationalfonds (2004): «Sitzenbleiben» macht wenig Sinn. Erste Untersuchung zur Wirksamkeit von Klassenwiederholungen in der Schweiz. http://www.snf.ch/D/NewsPool/Seiten/mm_04dec14.aspx, Einsicht am 4. November 2008.

Sonntagszeitung vom 30. März 2008: «Die falschen Studenten werden Lehrer».

SP Schweiz (2007): Betreuungsgutschriften statt Steuergeschenke. Investitionsoffensive für Wachstum, Wertschöpfung und Chancengleichheit. http://www.sp-ps.ch/fileadmin/downloads/Pospap/d/070318_betreuungsgutschriften_d.pdf, Einsicht am 4. November 2008.

SP Schweiz (2008): Für einen chancenreichen Start ins Leben. Bildungsthesen der SP Schweiz. http://www.sp-ps.ch/uploads/tx_userpressemitteilungen/080628_Positionspapier_11Bildungsthesen.pdf, Einsicht am 4. November 2008.

Spektrum (2008): «Welche Schule dient den Kindern?». Publikation der Schweizerischen evangelischen Allianz, Verband Evangelischer Freikirchen und Gemeinden sowie Arbeitsgemeinschaft evangelischer Missionen. Zürich: IDEA.

Stadt Zürich (2008): Fachinformationen zur Kinderbetreuung. http://www.stadt-zuerich.ch/internet/sd/home/kinder/betreuung/Kitas.html, Einsicht am 4. November 2008.

Stamm, Margrit (2008): «Vorschulkinder im Treibhaus? Gedanken zur Fördereuphorie ehrgeiziger Eltern». In: NZZ, Neue Zürcher Zeitung, Bildungsbeilage Nr. 10 vom 14. Januar 2008. http://perso.unifr.ch/margrit.stamm/forschung/fo_downloads/fo_dl_publ/Vorschulkinder_NZZ.pdf Einsicht 4. November 2008.

Statistisches Amt des Kantons Zürich (2007): Vorschulindex 2006. http://www.kinderbetreuung.zh.ch/index/vorschulindex06.php?p=1, Einsicht am 4. November 2008.

Stutz, Heidi, Tobias Fritschi, Patrick Detzel und Susanne Schmugge (2006): Kosten-Nutzen-Analyse der Bedarfsleistungen des Sozialdepartements der Stadt Zürich. Bern: Büro BASS. http://www.buerobass.ch/pdf/2006/KNA_Bedarfsleistungen_Stadt_Zuerich.pdf, Einsicht am 4. November 2008.

swiss family, Familienmagazin (2008): «Eltern und Schule im Dialog». Interview mit Maya Mulle, Geschäftsführerin Schweizerischer Bund für Elternbildung. swiss family Nr. 34.

Tages-Anzeiger vom 7. März 2008: «Krippenkinder haben gute Bildungschancen».

Tages-Anzeiger vom 7. April 2008: «Respekt und Fairness für Kinder».

Tages-Anzeiger vom 16. Juni 2008: «Überforderte Schüler, verärgerte Eltern».

Tages-Anzeiger vom 22. August 2008: «Zürich schliesst sämtliche Kleinklassen».

Theiler, Pius (1999): «Ganzheitlich beurteilen und fördern (GBF) –

das Luzerner Schulentwicklungsprojekt zwischen Anspruch und Wirklichkeit». In: Vögeli-Mantovani, Urs: Mehr fördern, weniger auslesen. Zur Entwicklung der schulischen Beurteilung in der Schweiz. Trendbericht Nr. 3. Aarau: SKBF. S. 227–230.

UN-Kinderrechtskonvention (1990): Kinderrechtskonvention. http://de.wikipedia.org/wiki/Kinderrechtskonvention, Einsicht am 4. November 2008.

Vester, Frederik (1982): Lernen, Denken, Vergessen. München: Deutscher Taschenbuch Verlag.

Viernickel, Susanne (2004): «Entwicklung sozialer Kompetenz durch frühe Gleichaltrigenkontakte». undKinder Nr. 74.

Vögeli-Mantovani, Urs (1999): Mehr fördern, weniger auslesen. Zur Entwicklung der schulischen Beurteilung in der Schweiz. Trendbericht Nr. 3. Aarau: SKBF.

Vogt, Franziska, Bea Zumwald, Christa Urech, Nadja Abt, Sonja Bischoff, Grazia Buccheri und Mirjam Lehner (2008): Zwischenbericht formative Evaluation Grund- und Basisstufe. Zusammenfassung und Fazit. St. Gallen: Pädagogische Hochschule des Kantons St. Gallen. http://www.edk-ost.ch/fileadmin/Redaktoren/Dokumente/Downloads/4bis8/Zusammenfassung_Vogt_EDK_OST_PHSG_Juni08.pdf, Einsicht am 4. November 2008.

Volken, Jeannine Silja und Carlo Knöpfel (2004): Armutsrisiko Nummer eins: geringe Bildung. Luzern: Caritas Verlag.

Von Freymann, Thelma (2002): «Zur Binnenstruktur des finnischen Schulwesens». Freiheit der Wissenschaft 2/2002. http://www.finland.de/dfgnrw/dfg043a-pisa07.htm, Einsicht am 4. November 2008.

Wiederkehr, Kathie (2001): «Die Bildung der Eltern». In: SKBF, Schweizerische Koordinationsstelle für Bildungsforschung (Hrsg.): Im Schnittpunkt der Veränderungen. Die Beziehung Schule-Familie in der Schweiz. Trendbericht Nr. 4. Aarau: SKBF. S. 85–87.

Wikipedia (2008): Dareios I. http://de.wikipedia.org/wiki/Dareios_I, Einsicht am 4. November 2008.

Wolter, Stefan und Stefan Denzler (2007): «Unsere zukünftigen Lehrerinnen und Lehrer – Institutionelle Faktoren bei der Wahl eines Studiums an einer Pädagogischen Hochschule». Leading House Working Paper Nr. 12.

Wössmann, Ludger (2007): Letzte Chance für gute Schulen. Die 12 grössten Irrtümer und was wir wirklich ändern müssen. München: Zabert Sandmann Verlag.